| 하루 30분! |
월 100만 원 버는
블로그 만들기

| 하루 30분! |
월 100만 원 버는
블로그 만들기

2024년 11월 15일 초판 1쇄 인쇄
2024년 11월 22일 초판 1쇄 발행

지은이 | 엄채연
펴낸이 | 이종춘
펴낸곳 | (주)첨단

주소 | 서울시 마포구 양화로 127 (서교동) 첨단빌딩 3층
전화 | 02-338-9151
팩스 | 02-338-9155
인터넷 홈페이지 | www.goldenowl.co.kr
출판등록 | 2000년 2월 15일 제2000-000035호

본부장 | 홍종훈
편집 | 조연곤
교정 | 강현주
본문 디자인 | 조수빈
전략마케팅 | 구본철, 차정욱, 오영일, 나진호, 강호묵
온라인 홍보마케팅 | 신수빈
제작 | 김유석
경영지원 | 이금선, 최미숙

ISBN 978-89-6030-639-4 13320

- **BM** 황금부엉이는 (주)첨단의 단행본 출판 브랜드입니다.

황금부엉이에서 출간하고 싶은 원고가 있으신가요? 생각해보신 책의 제목(가제), 내용에 대한 소개, 간단한 자기소개, 연락처를 book@goldenowl.co.kr 메일로 보내주세요. 집필하신 원고가 있다면 원고의 일부 또는 전체를 함께 보내주시면 더욱 좋습니다. 책의 집필이 아닌 기획안을 제안해주셔도 좋습니다. 보내주신 분이 저 자신이라는 마음으로 정성을 다해 검토하겠습니다.

매월 따박따박 통장에 돈이 쌓여 생활비 걱정이 사라지는

하루 30분!
월 100만 원 버는
블로그 만들기

엄채연(아나의디노) 지음

BM 황금부엉이

아직도 블로그를
기록용으로만 사용하나요?

"이 정도까지는 생각도 못 했어요. 제가 생각한 것보다 훨씬 더 큰 보상이에요."

네이버 인플루언서 심사에서 10번 넘게 떨어졌다가 한 달 만에 붙은 분이 한 말입니다. 블로그를 가지고 있지만 제대로 활용할 줄 몰랐던 100명이 넘는 블로거들의 블로그를 한 달 동안 봐드렸습니다. 이 책에서 소개한 내용들 위주로 차근차근 알려드렸는데요. 한 달 만에 바뀐 결과는 놀라웠습니다.

평범한 주부 A씨는 체험단을 통해 10만~300만 원 상당의 제품을 받으면서 생활비를 아끼고 있습니다. 장난감, 동화책, 주말농장 체험, 키즈 풀빌라, 이유식 키트와 같은 요리 재료, 청소기, 뷰티용품, 블루투스 스피커 등 다양한 제품을 사용하는 즐거움을 누리는 것은 물론 이전보다 아이들에게도 더 많은 것을 해줄 수 있게 되었습니다.

평범한 직장인 B씨는 호캉스를 다니기 시작했습니다. 호텔을 블로그에 소개해 주는 대가로 호텔에서 마음껏 머무를 수 있으니까요. 이전에는 월 20만 원도 저축하기 힘들었는데, 지금은 여유롭게 요트 체험, 호텔 뷔페, 비싼 오마카세 식당까지 다니고 있습니다.

이뿐만이 아닙니다. 블로그를 통해 새로운 사람들을 만날 수 있습니다. 블로그는 글이 주재료가 되는 곳이기 때문에 글을 통해 블로거가 어떤 사람인지 파악하기가 쉽습니다. 그렇게 만난 사람들과 프로젝트와 협업을 통해 새로운 인맥을 만들어갑니다. 블로그가 맺어준 소중한 인연이 됩니다.

재미있는 건, 블로그 일 방문자 100명만 되어도 밥을 공짜로 먹을 수 있다는 겁니다. 이 정도는 한 달만 열심히 포스팅해도 충분히 달성할 수 있습니다. 어떻게 아냐고요? 블로그를 처음 시작한 분들의 90% 이상이 일 방문자 100명을 달성했거든요. 실패한 분들은 꾸준히 포스팅을 못 한 경우였어요. 구독자 10만~20만 명을 가진 유튜버나 인스타그래머가 아니어도 됩니다. 나를 드러내지 않고 정보 글이나 리뷰 글만 써도 사람들은 검색해서 내 블로그를 찾아옵니다.

자영업자는 홍보를 위해 블로그를 시작하기도 합니다. 블로거나 인스타그래머에게 하는 협찬이나 홍보업체에 들어가는 돈이 너무 크기 때문입니다. 그렇게 시작한 블로그 덕분에 처음으로 매출 1,000만 원을 달성한 분도 있습니다. 예상을 훨씬 뛰어넘는 결과였습니다.

여기까지는 일반인이 블로그 하나 잘해서 얻어갈 수 있는 일이라고 생각할 겁니다. 그러나 아닙니다. 아직 한참 멀었습니다. 블로그 하나가 바꿀 수 있는 일은 너무 많습니다.

인플루언서들이 하는 공구도 어려운 게 아닙니다. '이 로션을 저희 아기한테 발라줬더니, 아토피가 많이 가라앉았어요!'라는 리뷰를 썼다면 네이버에서 '아기 아토피 로션'을 검색할 경우 내가 리뷰한 글이 뜹니다. 그 글을 우연히 해당 업체 사람이 보고 쪽지나 메일을 보냅니다. '혹시 저희 회사와 함께 공구를 해볼 생각이 있으실까요?'라고요. 공구는 그렇게 시작됩니다.

블로그에서 '이 포스팅은 해당 업체로부터 소정의 원고료를 받고 솔직하게 쓴 글입니다.'라는 글을 볼 때가 있습니다. 실제로 그 포스팅은 업체에서 원고료를 지원해 줘서 쓰게 된 것입니다.

블로그를 하면서 광고 회사 대표가 되기도 합니다. 블로그가 잘되니 주변 가게에서 홍보를 부탁 받았고, 그 내용을 다른 블로거에게 전달하면서 광고 회사로 커지게 된 겁니다.

자신만의 새로운 브랜드를 만들기도 합니다. 브랜드를 만드는 게 말이 쉽지, 특별한 사람들이나 하는 거라고 생각하나요? 주변 블로거에게 로고를 맡기고. 공장을 운영하는 분을 만나 물건 주문부터 포장 및 배송까지 계약을 맺습니다.

이런 과정이 한 번에 이루어지는 건 아닙니다. 하다 보니 하나씩 상품이 늘어나게 되고, 브랜드가 된 경우가 많지요. 직장을 다니면서 꾸준히 블로그를 했는데, 브랜드 제품이 팔리기 시작하고 어느새 월급보다 많이 벌게 되면서 브랜드에 전념하게 된 분들도 많습니다. 대체로 하나씩 찾아오는 걸 하다 보니 결과적으로 사업이 된 거죠.

이렇게 방향이 다양하니, 블로그란 얼마나 매력적인 선택지인가요. 1만 명 중 1등을 할 필요는 없습니다. The only one이 되면 1등을 할 수 있는 세상이잖아요. 정말 내 방향에 맞게 갈 수 있는 길, 블로그로 시작할 수 있습니다. 저는 그렇게 믿기 때문에 블로그를 10년간 운영해 오고 있습니다.

공구를 하고, 업체에서 의뢰를 받아 글을 쓰고, 1인 회사를 운영하고, 사업을 시작하고, 억대 매출이 나오고, 브랜드를 만들어나가고. 이런 이야기의 주인공은 전철 옆에 앉아있는 분일 수도, 이름이 기억나는 동창일 수도, 친구의 친구일 수 있을 정도로 평범합니다.

지극히 평범한 대학생이었던 저는 단지 '맛있는 밥을 공짜로 먹고 싶어서' 블로그를 시작했다가 이렇게 책까지 쓰게 되었습니다.

블로그가 참 고마웠습니다. 우유 한 팩도 사 먹기 힘든 통장 잔고를 보면서, 저는 재미있게 키운 블로그 덕분에 비싸고 맛있는 곳을 다니기 시작했습니다. 이제는 레스토랑의 웬만한 요리들을 다 알고 있습니다. 아주 많은 맛집을 다니면서 많은 식문화를 경험했기 때문이죠.

블로그로 먹고 다니기만 했을까요? 오랫동안 블로그를 해왔다며 회사의 재택근무자로 발탁되기도 했습니다. 그러다 매출에 기여를 하면서 정직원 자리를 제안 받았고, 회사의 매출을 1년 만에 3배로 키우기도 했습니다. 그냥 블로그에 찾아오는 사람들의 통계를 보면서 그 사람들이 좋아할 만한 포스팅을 했지요. 그리고 저희 회사의 상품을 자연스럽게 보여주면서 매출을 냈습니다.

이렇게 하다 보니 제가 가진 것으로도 뭔가를 해볼 수 있을 것 같았습니다. 내가 뭘 잘할 수 있을까를 생각해 보니 전공으로 했던 시각 디자인이 있었습니다. 로고, 카탈로그, 브로슈어, 스티커, 현수막, 명함, 그래픽 디자인 등의 외주를 받는다고 포스팅을 하자 사람들이 들어왔습니다. 결과물을 마음에 들어 한 사장님들이 연락하기 시작했습니다. 2시간 걸려서 포스팅 하나를 썼는데 댓글이 달렸습니다. '로고 의뢰하고 싶어요.' 로고 작업 하나만 해도 100만 원을 받을 수 있었습니다. 그 글을 쓰는 데 든 시간은 딱 2시간이었는데 말이에요. 그냥 맛있는 거 공짜로 먹어보겠다고 시작한 블로그가 난생 처음 받아보는 시급을 받게 만들어 주었습니다.

그러다가 강의 제안이 들어왔고, 난생 처음 보는 액수의 돈도 벌었습니다. 그 이후로 블로그도 봐주고, 다른 SNS에서도 활동하면서 저만의 강의 플랫폼을 만들어서 강의하고 있습니다.

지금은 월요일 낮. 집 앞 카페에서 조용히 이 글을 쓰고 있습니다. 회사에 다닐 때는 그렇게 월요일이 싫었는데, 지금은 월요일의 한낮 햇빛이 너무나 사랑스럽습니다. 가만히 뜯어보면, 진짜 블로그 하나에서 시작된 일이예요.

이 책에 실린 사례들은 주변 블로거를 통해 듣기도 하고, 실제로 보거나 겪은 것입니다. 온전히 블로그 하나로 일어난 일입니다. 지극히 일반적인 사례만을 다루기에도 이 책 한 권으로는 부족합니다. 이 책에는 제가 100명의 블로그를 컨설팅하면서 알려준 모든 내용을 담았습니다. 그러니 이 책을 읽기만 해선 안 됩니다. 꼭 실천해 봐야 합니다.

등산을 해봤다면 알 겁니다. 처음엔 큰 산을 어떻게 오를 수 있을까? 하고 생각하죠. 하지만 한 걸음 한 걸음 올라가다 보면 어느새 정상에 도착하게 됩니다. 우리가 대단하다고 생각하는 그 모든 사례는 계단 하나하나를 잘 밟아 올라간 덕분입니다. 우리에게 필요한 건 일단 첫 계단을 밟는 일입니다. 그 첫 계단이 블로그가 될 수 있습니다. 어렵지 않게 천천히 알려드릴게요. 자분자분 계단을 딛기만 하세요.

차례

블로그 필승 공식 세 가지

블로그 글 하나로 먹고사는 게 가능한 이유   1

블로그,
이렇게 시작해요

2

블로그 생태계
이해하기

3

한 달 안에 일 방문자
1,000명 만들기

4

한 달 안에
수익 만들기

5

100명을 한 달 동안 컨설팅해서 90% 이상이 수익화에 성공한 블로그 필승 공식 세 가지

블로그의 일 방문자가 100명만 되어도 밥을 공짜로 먹을 수 있다는 것 아시나요? 일 방문자 100명은 한 달만 열심히 포스팅해도 충분히 달성할 수 있는 목표입니다.

컨설팅을 진행한 블로그 중 포스팅을 꾸준히 하지 못한 경우를 제외한 모두가 한 달 안에 수익화에 성공했습니다.

한 달 만에 이런 결과를 가져올 수 있었던 요인은 많지만, 그중 가장 중요한 블로그 필승 공식 세 가지를 먼저 알려드릴게요.

이 책을 다 읽지 않더라도 지금 당장, 여러분의 블로그 글에 이 세 가지만 제대로 적용된다면 수익화의 첫 발자국을 뗄 수 있을 것입니다.

공식 1 　공감

하루에도 수많은 광고, 영상, 글을 접하다 보면
정작 기억에 남는 것들은 많지 않습니다.
내 글에 공감할 수 있는 요소를 넣는 순간,
그 글은 사람들의 머릿속에 살아남아
다시 찾아오고 싶은 글이 됩니다.
'공감'은 사람들의 기억 속에 더 오래
머물게 만들어주는 필승 공식입니다.

사례 갤럭시 휴대폰 리뷰

공감이 없는 글

안녕하세요. IT 리뷰어 아모짱입니다.
이번에 새로 출시된 갤럭시 휴대폰을 리뷰할게요.

공감을 이끌어낸 글

이전에는 갤럭시 휴대폰을 쓰면서 사진 하나 때문에 아이폰으로 갈아타고 싶었던 적이 있었어요. 그 감성을 갤럭시로는 따라잡기가 어렵더라고요. 괜히 아쉽던 차에, 이번에 출시된 갤럭시 휴대폰 카메라의 감성이 미쳤다는 소문을 들었습니다. 갤럭시로 버티던 사람들 모이세요! 바로 리뷰 시작할게요.

사례 미용실 소개

공감이 없는 글

안녕하세요.
완전 마음에 드는 인생머리 찾게 해준 미용실 소개해요.

공감을 이끌어낸 글

예전에 단발병 걸렸을 때 저를 '최양락'처럼 만들어준 미용실이 있었어요. 그때 이후로 단발을 하는 게 무서워서 함부로 안 했습니다. 한 3년 동안은. 그런데 이번에 아이유의 단발을 보니까 다시 혹하더라고요. 이건 못 참지! 단발병 도졌을 때 마음 놓고 간다는 곳으로 유명한 데를 다녀온 내돈내산 후기입니다. 결론부터 말하자면 인생머리 찾았음!

공식 2 팔 것

좋은 콘텐츠는 중요합니다. 그러나 글에서
팔 게 없다면 수익화를 실현하기 어렵습니다.
똑같은 글을 써도 나에게 수익이 더 들어올 수 있게
만드는 방법은 내 글에 판매할 것을 넣는 것입니다.
내가 판매하는 게 아니라도 수수료를 받을 수 있는
상품은 많습니다. 해당 링크만 본문에 넣어도
됩니다. 여기서 중요한 것은 '이거 사세요' 혹은
'이걸 사야 하는 이유'라는 느낌으로 접근하지 말고
읽는 이가 사고 싶다는 생각이 들도록 그들에게
'도움이 되는 것'이 무엇일까를 생각하고
그걸 제공해 줘야 팔리는 글이 된다는 것입니다.

사례 식빵 가게 사장님의 가게 소개글

팔 것이 없는 글

1. 안녕하세요, 브런치를 먹을 때 생각나는, 동네에서 제일 맛있는 아나 식빵 집입니다.
2. 저희 집 식빵은 쫄깃쫄깃한데 참 부드러워요. 그래서 아이 어른 할 것 없이 다 좋아해요.
3. 이번에 해썹 인증을 받은 깨끗한 주방에서 만든 깨끗하고 부드럽고 쫄깃쫄 깃한 식빵 드시러 오세요.
4. (식빵 가게 가격 & 지도 첨부)

팔 것이 있는 글

1. 안녕하세요, 바삭하게 구운 토스트로 아침 식사를 맛있게 하고 싶은 분들! 어떤 식빵을 사시나요? 식빵으로 아침 식사한 지 N년. 식빵을 고르는 기준 과 제 기준에 가장 맛있다고 생각하는 식빵 브랜드를 공유합니다.

2. 일단 식빵을 고를 때는 세 가지를 고려하세요.
   ① 언제 만들었는지 체크하기: 최근에 만든 게 당연히 가장 촉촉하고 쫄깃 하거든요.
   ② 해썹 인증을 받은 곳에서 제조하는지 보기: 해썹은 기준에 맞는 위생적 인 시설 요건, 문서 관리 규정 등을 까다롭게 해야 받을 수 있는 인증이 에요. 동네 빵집 같은 곳에서도 해썹 인증을 받은 곳이 많지 않으니까 꼭 확인하세요. 입에 들어가는 거니까 위생은 당연한 거죠?
   ③ 방부제를 확인해 보세요. 유통되는 식품 중에 방부제가 들어간 제품이 워낙 많잖아요. 아침에는 소화기관이 평소보다 흡수를 더 잘한다고 해 요. 그러니 적어도 아침에 먹는 것만큼은 방부제가 없는 걸로 체크하 는 게 좋겠죠?

3. 이 기준을 다 충족하는 브랜드도 알려드릴게요. 첫 번째……, 두 번째……

4. 마지막으로, 저희 아나 식빵도 공유합니다. 위의 세 가지 기준에도 부합하는데요. 식빵에 미친 자가 직접 만든 제 식빵을 드시면, 뭔가 다르다는 걸 느끼실 거예요. 진짜 쫄깃하고 맛있다는 후기가 무려 100개! 혹시 궁금한 게 있으면 댓글 달아주세요!

(식빵 가게 가격 & 지도 & 후기 첨부)

POINT

두 개의 예시 모두 해썹 인증을 받았다, 우리 식빵은 맛있다는 것을 피력하고 있습니다. 하지만 첫 번째 예시와 두 번째 예시는 전혀 다른 느낌입니다. 이 집만의 매력이 두 번째 글에서 더 뚜렷하게 드러나죠. 식빵을 찾는 사람에게 좋은 식빵을 고르는 기준을 주고, 그 기준에 부합하는 선택지를 내가 판매하는 식빵도 내걸고 있다는 거예요. 마지막에는 사용자의 후기까지 첨부해서 읽는 이에게 신뢰도 주고 있습니다. 이것이 팔 것이 있는 글의 예시입니다. 사용자가 '사고 싶다'는 생각이 들게 만드는, 명확한 흐름이 있는 글이에요.

사례 헬스장 사장님의 매장 홍보글

팔 것이 없는 글

1. 안녕하세요, 강남에서 가장 큰 아나 헬스장입니다.
2. 무려 1,000평 규모로, 전 층을 다 쓰고 있습니다.
3. 헬스장 내부에는 운동기구뿐만 아니라 건식 마사지방, 개인 샤워실, 카페테리아까지 있어요.
4. 아나 헬스장 오는 길(지도 첨부)

팔 것이 있는 글

1. 안녕하세요, 강남에서 유일하게 운동기구 안 기다리고 원하는 걸 바로 바로 쓸 수 있는 아나 헬스장입니다.

2. 운동을 하다 보면 내가 쓰고 싶은 기구를 다른 사람이 쓰고 있는 경우가 많잖아요. 저 사람 다음에 다른 사람이 이용하진 않을까 싶어서 근처에서 운동하는 척, 배회하신 적 있죠? 아나 헬스장 사전에는 그런 일이 웬만하면 없습니다. 강남에서 가장 큰 1,000평 규모거든요.

3. 운동 후에는 단백질 보충부터 마사지, 샤워까지 모두 할 수 있도록 넓은 카페테리아, 마사지방, 개인 샤워실도 갖추었습니다. 운동 후의 관리까지 아나 헬스장에서 전부 끝내세요!

4. 아나 헬스장 오는 길(지도 첨부)

POINT

팔 것이 없는 글에서는 '우리 헬스장 넓어요' '운동기구 많아요' '마사지방, 개인 샤워실, 카페테리아도 있어요'라고 외치고 있어요. 반면 팔 것이 있는 글에서는 '사람 많은 강남에서도 개인적인 공간을 확보할 수 있는 헬스장이 있어요'라는 것에 초점이 맞춰져 있습니다.

이 공식의 비밀은 간단합니다. '이 제품이 왜 좋은지'에서 벗어나세요. '사람들에게 이 제품이 어떻게 도움이 될지'를 생각해야 합니다. 그러면 진짜 팔 것이 있는 글을 쓸 수 있습니다.

21

공식 3 읽는 대상

'어떤 사람들'에게 이 글이 도움이 될지를
생각하면서 쓰는 것은 기본이지만 실제로 적용하는
것은 어렵습니다. 읽는 이에 따라 단어 선택이나
비유, 은유, 예시 등의 접근법이 달라져야 하기 때문
입니다. 읽는 이에 대한 접근법이 없다면 검색자는
자신이 찾던 포스팅이 아니라고 여기고 다른 글을
찾아 떠나버립니다. 그렇게 되면 내 글에 사람들이
머무르는 시간이 줄어들게 되고, 결국 그 포스팅은
검색 결과에서 사라지게 됩니다.
검색자가 어떤 것을 중요하게 생각해서
내 포스팅을 발견하게 되었는지 한 번이라도
더 생각해 보세요.

사례 직장인 대상 엑셀 강의 학원 vs 컴퓨터 학원 취미반

둘 다 학원이지만 완전히 다른 대상을 다룹니다. 그래서 글의 내용이 달라야 합니다. 강점을 내세울 때 직장인 대상의 학원에서는 업무, 효율성, 더 빠른 퇴근, 더 빠른 승진과 같은 이점을 보여줘야 합니다. 직장인이 원하는 결과는 그런 것이니까요.

반면 취미반은 학생, 주부를 대상으로 배우는 즐거움, 삶의 업그레이드, 새로운 소속감, 새로운 이벤트를 강조해야겠지요. 취미반 강습을 듣는 사람들에게는 향상이라는 키워드보다 새로운 재미에 대한 것이 더 매력적일 테니까요. 이것을 적용하면 다음과 같이 되겠지요?

직장인을 대상으로 한 엑셀 강의 학원

1. 요즘 직장에서 엑셀 하나만 잘해도 일잘러 소리, 들을 수 있습니다!

2. 빠른 퇴근은 덤이에요. 에너지와 시간을 더 효율적으로 쓰기 위해서 필수죠.

3. 엑셀은 단축키만 외워도 금방 할 수 있습니다. 문제는 단축키를 몸으로 먼저 익혀야 된다는 것!

4. 공감 대기업 직장인 생활 10년을 하면서 엑셀 하나로 임원까지 됐던 강사가 직접 가르칩니다. 이제 엑셀 때문에 늦게 퇴근하지 마세요. 단축키 20개 한 번에 외우는 진짜 빠른 엑셀 강의. 딱 한 달만 하면 누구보다 빨리 퇴근하고, 더 인정받을 수 있어요!

5. 팔 것 학원 위치 삽입

취미반을 대상으로 한 컴퓨터 학원

1. 공감 매번 아이들 등원시키고 집안일 좀 하다가 아이들 픽업하러 가는 일상이 계속되다 보면, 엄마의 정체성만 남고 나라는 사람은 사라진다는 느낌을 받곤 하죠?

2. 그럴 때 컴퓨터 그래픽을 배우면서 새로운 취미도 얻고 성취감도 뿜뿜했다는 수강생분이 계세요. 자기계발을 위한 취미는 언제나 옳습니다!

3. 저희 학원은 취미를 배울 뿐만 아니라 수강생들이 화합할 수 있도록 [입주민 프로젝트]를 열어요. 모든 수강생을 입주민이라 생각하고, 더불어 재밌을 수 있는 커피챗부터 요가 테라피까지 함께 즐겨보세요. 진짜 배움의 재미를 알게 되실 겁니다.

4. 팔 것 학원 위치 삽입

POINT

글을 읽는 대상이 어떤 사람들인지 먼저 생각하고, 그 사람들이 바라는 결과를 중심으로 글을 써보세요. 그렇게 글을 쓰면 읽는 이의 반응이 달라집니다. 읽는 이가 자기도 모르게 '나도 이거 하고(사고) 싶다.'라고 생각했다면 성공한 거예요. 더 생생한 표현으로 읽는 이들이 바라는 결과를 손에 쥐어줄 수 있도록 해보세요. 그럼 공식 3 은 내 것이 됩니다.

1 블로그 글 하나로 먹고사는 게 가능한 이유

01

블로그, 지금 시작하기에
늦지 않았나요?

"단언컨대,
지금이 블로그 시작하기 딱 좋은 시기입니다."

주변을 살펴보면, 일상을 기록하는 용도로 블로그를 쓰는 사람들이 꽤 있습니다. 제 친구들에게 블로그가 있냐, 글을 올리고 있냐고 물어보면 10% 이상은 그렇다고 해요. 2000년대에 이미 파워블로그 배지를 단 사람이 많을 정도로 블로그는 꾸준히 이어지고 있었습니다. 그런데 이제야 블로그를 시작한다고? 이미 늦은 것 같다는 생각이 들죠? 아닙니다. 왜 그럴까요?

첫째, 사람들이 검색을 덜 해도 되는 시대가 왔지만, 경험과 지혜는 AI가 만들 수 없기 때문입니다. 지금은 누군가의 경험과 지혜, 유머가 진짜 자산이 되는 시대입니다. 우리는 지식이 아닌, 경험과 지혜만 준비하면 됩니다.

　챗GPT의 등장에 적잖은 사람들이 충격을 받았습니다. 챗GPT
에게 맨하탄에서 가장 인기 있는 식당 10곳이 어디냐고 물어보면
바로 대답이 나옵니다. '인기 있는 곳'의 기준이 무엇이냐고 다시
물어보면, 10초도 안 되어 고객 별점, 리뷰, 음식 비평가들의 추
천, 커뮤니티 평판까지 다 참고했다고 답합니다.

출처: 챗GPT

　참 빠릅니다. 그렇다고 좌절할 필요는 없습니다. 우리가 챗
GPT의 속도를 따라잡을 수 없다면, 그 음식점에 직접 가본 사람
만이 알 수 있는 정보를 쓰면 됩니다. 예를 들어, 화장실이 내부에
있는지 외부에 있는지, 깨끗한지 아닌지, 위생 상태는 어떤지, 직
원이 친절한지 아닌지, 어떤 장소를 방문했을 때 그곳에 가면 좋
은지 등의 정보들이요. 사람이 직접 체험해야만 알 수 있는 것들
을 계속 쌓아간다면, AI가 주는 답안지 같은 정보와는 차별화되겠
죠? 우리는 '검색자의 입장에서 필요한 것'을 보여줄 수 있습니다.

신발을 사기 위해 신발 매장에 가는 사람과 온라인에서 구입하는 사람은 원하는 게 다릅니다. 신발 매장에 가는 사람은 직접 신발을 신어보려고 합니다. 신발이 내 발에 맞는지 안 맞는지 확인할 수 있죠. 온라인에서 신발을 구입하는 사람은 일단 매장까지 가기가 귀찮고, 신발이 집으로 배달되는 편리함을 좋아합니다. 이렇게 사람마다 원하는 바에 따라 선택한다는 것을 염두에 두고 우리는 검색자가 원하는 것을 상상하며 글을 써야 합니다.

둘째, 네이버는 '검색자가 정말 원하는 결과물'을 내놓는 것을 중요하게 생각합니다. 네이버도 블로그의 신뢰도를 가장 중요하게 생각하던 때가 있었습니다. 그래서 방문자가 많은 블로그가 검색 결과 맨 위에 뜨게 했지만, 지금은 아닙니다. 검색자가 원하는 콘텐츠라면 규모가 작은 블로그의 글도 충분히 검색됩니다. '아무리 써도 노출이 안 돼요'는 옛말이 되었습니다. 지금은 모든 블로그에게 유리한 시대입니다. 그게 어떻게 가능한지는 다음 장에서 이어서 알아보겠습니다.

02

블로그 하면서
가장 신경 써야 하는 게 뭔가요?

"나만의 경험과 지혜를 기반으로
AI는 절대 만들지 못하는 ○○○을
만들어내야 합니다."

○○○에 들어갈 단어는 무엇일까요? 바로 '콘텐츠'입니다. 사실, 이 책을 쓰기 1년 전까지만 해도 저는 '키워드'라고 생각했습니다. 블로그 좀 해봤다는 사람들도 대부분이 키워드라고 합니다. 하지만 최근 네이버의 움직임을 보면, 개인의 검색 의도에 맞는 콘텐츠들을 준비하고 있다는 것을 알 수 있습니다. 이런 변화를 따라가다 보면 결론은 딱 하나예요. 좋은 콘텐츠가 중요하다는 것이죠.

기존의 검색 과정을 생각해 보세요. 검색 결과가 나와도 검색자가 원하는 내용을 찾아 계속 클릭해야 하는 번거로움을 겪습니다. 알고 싶은 건 '차박 캠핑용품'인데, '글램핑' '카라반' '캠핑존' '캠핑카' 등의 블로그 글들이 나타나는 식이죠. 캠핑과 관련된 모든 것이 검색 결과에 반영되지 않은 거예요. 정작 좋은 콘텐츠를 가진 블로거의 글은 다른 블로그와의 경쟁에서 진 탓에 노출되지 못하고, 검색자는 검색하다가 지치는 악순환이 이어집니다. 지금은 명확한 질문에 대한 답은 AI나 검색으로 쉽게 찾을 수 있는 시대입니다. 그러니 더더욱 사용자가 원하는 정보지만 흔하지 않은, 진짜 콘텐츠를 선보여야 하는 때가 온 겁니다.

네이버에서는 그 문제점을 개선하기 위해 더 나은 길을 만들고 있습니다. 글램핑을 하고 싶은 사람과 캠핑존을 찾고 있는 사람들이 필요로 하는 정보를 바로 찾을 수 있게 해주는 거죠. 그래서 다양한 결과를 한 번에 보여주던 VIEW 탭 대신 '스마트 블록'을 만들었습니다.

사용자들이 원할 만한 정보들이 블록별로 만들어져 블록마다 다른 검색 결과가 나타납니다. 예를 들어, 캠핑을 검색하면 '초보 캠핑' '감성 캠핑용품' '캠핑 후기' '캠핑 준비물' '계곡 캠핑' '아이와 캠핑' 등의 스마트 블록이 만들어집니다. 원하는 블록을 선택하면 그에 맞는 블로그 글들을 볼 수 있고요. 이제 검색 의도에 따른 결과물을 명확하게 볼 수 있게 된 것이지요.

이렇게 되면, 주제가 뾰족할수록 더 유리해집니다. 물론 키워드도 중요하지만 네이버가 가려고 하는 방향을 잘 살펴봅시다. 검색자의 의도를 충족시킬 수 있는 콘텐츠를 보여주려고 노력하

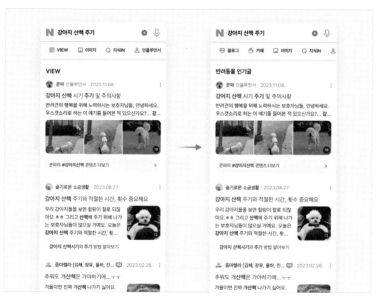

'스마트 블록'이 적용된 검색 화면

고 있습니다. 그러니 키워드 이전에 '검색하면 다 나오는' 그런 것 말고, AI는 절대 만들지 못하는 나만의 경험과 지혜를 기반으로 한 콘텐츠를 만들어내야 합니다. 더 정확히 말하면, 결과가 뻔하지 않은 내용을 써야 한다는 겁니다.

SNS 플랫폼은 콘텐츠가 중요합니다. 한 발짝 물러서서 보면, SNS 플랫폼은 광고주를 통해 돈을 법니다. 광고주는 사람이 많이 몰리는 곳에 줄을 설 수밖에 없습니다. 사람들을 모으기 위해서는 좋은 콘텐츠가 필요합니다. 그러니 크리에이터 생태계의 핵심은 좋은 콘텐츠를 만드는 것입니다.

'주제별 결과'로 보여지는 네이버 검색결과

출처: 네이버 검색 블로그

03

블로그 글을 매일 써야
수익화가 가능한가요?

"글 하나가 '열일'하게 만들어야 해요.
그러려면 잘 노린 키워드 하나에 내 글 하나가
검색되게 만드는 것부터 시작해 보세요.
그런 키워드들을 점차 늘려가야 합니다."

블로그에 글 하나만 잘 써도 먹고 산다? 광고 문구를 말하는 건가? 책 한 권만큼의 분량을 말하나? 똑똑하고 유명한 사람들에게 해당되는 말 아니야? 평범한 사람은 그렇게 될 수 없다고 생각하는 분들이 많습니다. 당연히 나에게는 해당되지 않는 말이라고 생각하고요.

결론부터 말씀드린다면, 여러분도 할 수 있습니다. 열에 아홉은 수월하게 읽으면서 공감할 수 있는 글을 쓰기만 한다면요. 그 다음으로 필요한 것은 '팔 것'입니다. 시장 상인들이 시장에 앉아 있다고 돈이 들어오진 않습니다. 일단 팔아야 하는 물건부터 준비해야 합니다. 마지막으로 생각해 봐야 할 것은, 내 블로그를 보는 사람들은 내가 파는 것에도 관심이 있다는 것입니다. 그러니까 블로그 글을 읽는 사람이 누구인지를 생각하면서 글을 쓰면 됩니다.

에드포스트

네이버 애드포스트는 블로그(그 외 미디어에도)에 광고를 올리고 광고에서 발생한 수익을 배분받는 광고 매칭 및 수익 공유 서비스입니다. 내 포스팅에 달린 광고의 노출 및 클릭에 따라서 수익이 달라집니다.

애드포스트에 합격만 한다면 블로그에 포스팅을 올릴 때마다 자동으로 광고가 달립니다. 화장품 리뷰를 쓰면 화장품 광고가, 식재료에 대한 글을 쓰면 식재료 광고가 달리는 식입니다. 네이버가 알아서 글의 성격과 내용, 검색어 등을 분석하여 가장 적합한 주제와 상품을 담은 맞춤형 광고를 넣어줍니다. 이에 대해서는 5장의 '은행 이자보다 좋은 애드포스트'에서 좀 더 자세히 설명하겠습니다.

제휴 마케팅

상품이 없어도 뭔가를 팔 수 있습니다. 블로그에 제품에 대한 소개글을 쓰기만 해도, 그 포스팅을 통해 물건을 구입하는 사람들이 구매한 금액에서 수수료를 받을 수 있습니다. 바로 제휴 마케팅입니다.

가장 대표적인 제휴 마케팅이 '쿠팡 파트너스'입니다. 쿠팡에서 파는 상품 중 하나를 골라서 나만의 링크(URL)를 받은 다음, 블로그에 상품 리뷰를 쓰고 URL을 넣습니다. 사람들이 리뷰 속 URL로 해당 상품을 산다면, 수수료를 받을 수 있습니다.

지금까지 말한 조건을 정리하면 크게 세 가지입니다.

공감하면서 쉽게 읽을 수 있는 글
팔 것이 있는 글
읽는 이를 대상으로 한 글

이제 이런 질문이 떠오를 수 있습니다.
"하지만…… 팔고 싶은 게 없는데요?"
일단 아무것도 팔고 싶지 않다면 애드포스트라도 달아두세요. 적게나마 용돈부터 벌면서 천천히 생각해 봐도 됩니다. SNS에서는 '팔이피플'이라는 말이 있습니다. 자신의 명성을 이용해 안 좋은 물건을 좋게 포장해서 판매하는 사람을 가리킵니다. 이런 말 때문에 SNS에서 무언가를 파는 행위에 부담을 느끼는 분들이 많습니다.
일단 판다는 것은, 내가 파는 것이 여기에 있다는 것을 알리는 일인 동시에 소비자가 구매를 통해 내가 파는 것을 가지게 되는 일련의 행위라는 걸 기억하세요. 이미 우리는 많은 것을 팔고 있습니다. 회사에서 면접을 보는 것도, 나라는 사람이 회사가 원하는 인재라는 것을 알리고 회사는 나를 확인하는 과정입니다. 나라는 사람의 능력과 시간을 판매하는 것과 같습니다.

잘 살펴보면, 잘 파는 사람이 승부를 내는 시대라는 것을 알 수 있습니다. 글 하나가 열일하게 만들려면 잘 파는 사람이어야 합니다. 이제 판다는 것에 대해 거부감을 내려놓고 우리가 나아가야 할 방향에 집중해 봅시다.

"어떻게 해야 잘 팔 수 있을까요?"

그냥 대놓고 "사세요!"만 하는 광고는 안 먹힙니다. 사람들은 '팔리는 느낌'에 지겨움을 느끼고 있습니다. 이미 많은 브랜드들이 자기 것이 좋으니 사라고 접근했고, 사지 않으면 손해를 보는 느낌을 만들었고, 다크 패턴*에서 빠져나가지 못하게 했습니다. 그래서 뭔가를 파는 느낌 없이 팔았을 때 효율이 더 높아요. 가장 추천하는 방식은 누구한테, 왜 필요한지, 왜 좋은지, 왜 다른지를 '알려주는' 거예요.

● 다크 패턴: 영국의 디자이너 해리 브링널이 2011년에 최초로 제시했다. 인터넷 사이트나 스마트폰 앱에서 사용자들을 은밀히 유도해 물건을 구매하거나 서비스에 가입하게 하는 등 원치 않는 행동을 하게 만드는 것이 대표적인 사례다. (출처: 매일경제)

A

치아 미백에 좋은 상품을 소개합니다. 제가 직접 써보고 공유합니다.
3개월 전만 해도 커피로 착색됐었던 이가 지금은 이렇게 하얗습니다.

이 제품을 써보세요. 제가 써본 것 중에 제일 좋습니다.
제품 링크: https:// ~

B

커피를 자주 마시는 분들은 치아가 누렇게 되는 걸 걱정합니다.
저 또한 커피를 하루에 1잔은 꼭 마시는데요. 이건 3개월 전,
`사진` 매일 커피를 마시던 때의 제 치아 사진입니다.

왠지 웃을 때마다 민망하고, 입을 가리게 되어서 마음먹고 치아 미백제를
구매했어요.
`누구한테` 커피 자주 마시는 분들은 꼭 끝까지 보세요!

`왜 필요한지` 이 상품 쓴 지 한 달이 됐는데, 이제 입을 가리지 않고
웃을 수 있어요! 이가 하얗고 가지런하다는 칭찬도 듣습니다.

지금의 치아 사진도 보여드릴게요.
`왜 좋은지 1`

치과에 가려면 예약해야 하고, 일단 가면 10만 원은 그냥 사라지게 되잖아요. `왜 좋은지 2` 그런데 딱 2만 원 내고 홈케어 3개월 정도 하니까, 이가 하얗게 되고 편했어요!

시중에 너무 많은 상품들이 있어서 다음의 세 가지를 신경 써서 찾아봤어요.

가격이 저렴할 것
미백 효과는 확실할 것
성분이 착할 것

`왜 다른지` 특히 성분에 집중해서 상품을 골랐어요. 파라벤(방부제)과 트리클로산(향균제)은 발암 의심 물질이라서 이 성분이 없는 치아 미백제를 찾는 게 중요했어요.

이 두 가지 성분이 없는 것 중에서도 저렴하고 가장 효과 있는 제품을 소개해 드릴게요.

치아 미백에 효과가 있는 상품을 리뷰한다면, B처럼 써야 합니다.

A는 단순하게 제품을 광고하는 느낌입니다. 전후 비교 사진이 없어서 효과를 알 수도 없고요. 제품의 특장점도 보이지 않습니

다. 시중의 수많은 치아 미백제 중에 왜 이 제품을 써야 하는지가 드러나지 않아요.

반면 B는 누구한테, 왜 필요한지, 왜 좋은지, 왜 다른지가 명백하게 보입니다. 읽는 이가 커피를 즐겨 마시고 착색을 걱정하는 사람이라면 이 글에 시선이 한 번 더 가겠죠?

또 다른 글도 써봅시다. 락앤락 텀블러를 검색해 본 사람이 있는데, C와 D 두 가지 글이 떴어요. 둘 다 직접 사서 사용한 후 쓴 리뷰에요. 여러분은 어떤 리뷰를 읽고 락앤락 텀블러를 사고 싶은 마음이 드나요? 찬찬히 읽어보세요.

C

1+1 이벤트 할 때 산 락앤락 텀블러 구매 후기!

저는 블랙, 아이보리 텀블러를 샀어요.
둘 다 600ml라서 웬만한 건 다 담을 수 있습니다.

블랙은 사무실에서 사용하려고 해요.
아이보리는 아이 등교할 때 챙겨주고 있습니다.
락앤락 텀블러는 물이 잘 안 새서 가방 안에 넣고 휘뚜루마뚜루 걸어 다녀도 좋아요.
지금 1+1 세일하니까 들어가 보세요.
제품 링크: https://~

D

텀블러의 유통기한은 최대 6개월이라고 해요.
그 사실을 알고 나서 그동안 썼던 텀블러를 싹 다 정리했어요.

그래서 새로운 텀블러를 샀습니다. 락앤락 텀블러 내돈내산 후기 시작할
게요.

요즘 한창 감성 데스크테리어-책상 인테리어-를 하는 중이에요.
텀블러도 감성이 있으면 좋겠다고 생각했습니다.
그리고 몇 가지를 더 고려했는데요.

빨대가 들어가는 구멍이 별도로 있을 것
손잡이는 필수
보냉이 12시간 이상 유지될 것
스타벅스 벤티 사이즈는 충분히 되는 넉넉한 사이즈

아이스 아메리카노는 꼭 빨대로 마셔야 되잖아요.
특히 스타벅스에서 아아 벤티 사이즈를 자주 주문하는 분들은
한 손으로 텀블러를 들면 묵직해서 손잡이도 꼭 필요해요.
그리고 보냉이 잘 안 되면 아아를 3시간만 넣어둬도 표면에 물이 생기더
라고요.
그런 불편한 점들을 고려하면서 찾다가 락앤락 텀블러를 발견했어요.

무엇보다 예쁩니다. 들고 다닐 맛 나는 컬러들이에요.
핑크는 딸기우유 빛깔이라 화이트로 도배된 제 데스크에 잘 어울리고요!
퍼플은 연보라 특유의 여리여리함이 좋아요.
보기만 해도 잘 샀다는 말을 계속 하게 됩니다.

사이즈도 600ml라서 벤티 사이즈 완전 가능하고요.
오늘 스벅에서 아아 벤티 사이즈로 픽업했어요!
지금 공홈에서 1+1 이벤트를 하는 중이니까
구매 의사 있으시면, 끝나기 전에 후다닥 구매하세요.

D의 조건은 까다로워 보입니다. C보다 D가 더 많은 사람들을 끌어들일 수 있는 이유는, 확실한 기준이 있기 때문이에요. 글쓴이와 같은 기준을 가지고 있는 사람이 있다면, 이 텀블러의 구매를 고려하게 될 거예요. 나와 기준이 같은 사람이 고른 제품이기 때문이지요. 누구한테, 왜 필요한지, 왜 좋은지, 왜 다른지까지 쓴 다음에는 마지막으로 세일 기간을 알려줍니다. 기간 한정 이벤트는 마감 효과도 불러오지요. 혹시나 세일 기간이 끝나진 않을까 싶어서 구매 의사 결정이 더 빨라지게 되는 겁니다.

물건뿐만이 아니라 무형 서비스 등을 알리는 글도 마찬가지입니다. 영어회화 앱을 소개하는 글을 쓴다고 생각해 봅시다. 첫 문단을 어떻게 쓰면 좋을까 고민이 됩니다. E, F 둘 중 어떤 문단을 맨 앞에 넣으면 좋을까요?

E

AI 영어회화 앱을 소개합니다.
월 10만 원대에 무제한으로 첨삭 받을 수 있습니다.
오늘 소개해 드릴 앱은~

F

'30분 이야기하는데, 문법 몇 개 교정 받고 일상 이야기 몇 마디 하면 끝나는 영어회화 수업. 한 달에 30만 원은 기본. 이걸 언제까지 해야 되지?'라고 생각하셨다면 잘 찾아오셨어요.
무제한으로 첨삭 받을 수 있는 AI 영어회화 앱을 발견했는데, 월 10만 원대입니다.
영어회화 앱 유목민에게 찾아온 광명입니다! 오늘 소개해 드릴 앱은~

지금까지 살펴본 글에는 앞에서 말씀드린 세 가지 포인트가 들어 있습니다. 어려운 말 하나도 없이 쉽게 이해할 수 있도록 썼습니다. 소비자가 겪은 경험을 토대로 1) '공감할 수 있게' 썼어요. 그리고 2) '특정 판매할 것을' 3) '특정 사람들을 대상으로' 쓴 글이죠.

어때요, 쉽죠? 지금은 이 포인트만 이해하고, 여러분이 구독하는 블로그들을 살펴보세요. 혹은 관심 있는 것을 검색해서 나오는 블로그의 글을 보세요. 모두 세 가지 포인트가 담겨있는 게 보일 거예요. 그 사실을 발견했다면 여러분은 블로그 글을 잘 쓸 수 있는 사람이 된 겁니다!

단, 주의해야 할 게 있어요. 내 의견을 확실히 하세요. '이것도 좋고 저것도 좋고 다른 것도 다 좋아요!'보다는 '이게 그중에서 제일 좋았어요!'라는 입장이 더 좋아요. 이렇게 써야 하는 이유는 간단합니다. 네이버에 바나나를 먹어야 하는 이유를 검색하면 먹어

N 바나나를 먹어야 하는 이유   ⌨ ▾ Q

💬 블로그   ☕ 카페   🖼 이미지   Q 지식iN   👤 인플루언서   ▶ 동영상   🛍 쇼핑 › ···

매일 바나나를 먹어야 하는 이유 6가지

1. 바나나는 가장 영양가가 많은 과일 중 하나이다 바나나는 정말 영양가가 많...
2. 바나나는 혈당 수치를 조절한다 바나나에는 펙틴이라는 성분이 풍부하게 ...
3. 하루에 바나나 한 개씩 먹으면 소화 능력이 향상된다 ...
4. 바나나는 심장에도 좋다 칼륨은 심장 건강에 있어 꼭 필요한 미네랄이다. ...
5. 다이어트를 하고 싶다면 아침에 바나나를 먹자 바나나는 다이어트를 할 때...
6. 평소에 운동한다면, 가방에 바나나를 챙겨가자 바나나는 운동선수들에게도...

2018.10.16.

🌑 steptohealth.co.kr › 6-reasons-why-you-need-to-eat-banana-everyday   ⋮
매일 바나나를 먹어야 하는 이유 6가지 - 건강을 위한 발걸음

N 바나나를 먹으면 안되는 이유   ⌨ ▾ Q

💬 블로그   ☕ 카페   🖼 이미지   Q 지식iN   👤 인플루언서   ▶ 동영상   🛍 쇼핑 › ···

지오프레 박사에 따르면, 이것은 **바나나가 25%의 설탕을 포함하고 있고 적당한
산성을 가지고 있기 때문**이라고 한다.
바나나가 일시적인 에너지를 제공할지도 모르지만, 곧 더욱 피곤하고 배고픈 느
낌을 갖게 할 것이다.
지오프레 박사는 심지어 바나나를 "자연의 사탕"이라고 부르기까지 한다.

2023.11.08.

🔲 blog.cboard.net › 아침식사로-바나나를-먹으면-안-되는-이유   ⋮
아침식사로 **바나나를 먹으면 안 되는 이유**! - 시보드 블로그

정보오류 수정요청 · **지식스니펫** ⓘ

네이버 검색 화면

야 하는 수천 가지 이유가 나옵니다.

　검색 결과가 나오면 사람들은 자신이 믿는 사실 위주로 검색하기 시작합니다. 그것이 정답이든 정답이 아니든, 검색만 해보면 자기가 믿는 것이 맞다는 근거가 수도 없이 나와요. 검색된 글들은 어느 쪽이든 하나의 입장을 고수하고 있어요. 사람들은 자기가 믿는 것을 찾아봅니다. 그러니 내 주장을 공고히 하세요. 나중에 생각이 바뀌면 다시 포스팅하면 됩니다. 내가 지금 믿는 것을 나중엔 믿지 않을 수도 있잖아요. 꼭 사실과 정보만을 올리기보다, 내 입장과 의견이 들어간 글을 쓴다면 글맛이 더 좋아집니다. 검색자도 그것을 원합니다.

04

블로그에 글 하나 써놨다고 돈이 되는 건 아니잖아요?

"세 가지 공식만 유의한다면 내 글도 돈이 됩니다.
1. 공감을 사는 글
2. 팔 것이 있는 글
3. 읽는 대상을 생각하며 쓴 글."

앞 장에서 소개한 세 가지 공식을 이용하여 쓴 글들을 소개합니다. 첫 번째 글로 500명 이상의 사람들을 모았고, 두 번째 글로 1,300만 원의 매출을 냈습니다. 세 번째 글로는 강의와 코칭을 판매할 수 있었습니다. 오로지 글 하나가 사람을 모으고, 판매를 하고, 제가 운영하는 뉴스레터로 가입시키고 있습니다.

글은 24시간 영업을 합니다. 혹여 잘 쓴 글이 블로그에 노출되기라도 하면 내 블로그로 더 많은 검색자들이 유입되고, 그 효과는 배가됩니다. 강남 길거리를 오가는 인파보다 더 많은 사람들을 데려올 수 있지요. 안 할 이유가 없습니다. 여기까지 읽은 여러분은 분명 세 가지 공식을 다 꿰뚫었을 거라 봅니다. 여기에서는 '나라면 어떤 부분을 어떤 공식을 사용해서 어떻게 써볼지'를 생각하면서 천천히 읽어보세요.

안녕하세요. 아나스타샤입니다. 얼마 전 한 오프라인 강의를 다녀왔어요. 우연한 기회로 갔던 곳인데 워낙 기본적인 내용을 다루는 강의였고요, 그 곳엔 퍼스널 브랜딩을 잘해서 홀로서기를 하고 싶은 분들이 많았어요. '강의에서 다루는 건 아마 다 아는 내용일 텐데, 왜 다들 귀한 시간을 내서 모였을까?' 하고 생각하다가 깨달았습니다.

1 공감 **하면서 쉽게 읽을 수 있도록** 하라는 대로 해봤는데 나는 왜 안 되지? 또 속아버린 것. 오메…

2 팔 것 회사 밖에서도 홀로서기를 하고 싶지만, 한 가지 방법이 모든 사람에게 맞는 게 아니기 때문에 이 자리에 모였다고요. 그 자리에서 얻은 깨달음을 필두로 제가 아는 것도 나눠보려고 합니다. 각자 다른 루트를 갖고 있어도 '홀로서기'에 적용할 수 있는 노하우를 기록한 전자책을 무료 배포합니다.
<여태까지 만들어진 적 없는 새로운 주제>
블로그 글쓰기, 일반인도 하기 쉬운 디자인, 누구나 팔리는 글쓰기와 같은 특정 주제의 전자책이 아니에요. 콘텐츠도 어느 정도 만들어보고 고객들도 만들어본 분들이 느꼈을 갈증과 새로운 시도에 대한 모색도 담긴 전자책입니다. 제가 3년간 고민했던 부분은 조금만 넣었고, 고민에 대한 해결책과 노하우에 대해서 집중적으로 다룰 거예요.

저는 다양한 것을 시도하는 걸 좋아하는 크리에이터로서 많은 성패를 겪었어요. 나도 이렇게 했으니 여러분도 이렇게 해라~고 말하는 게 아닙니

다. 어떤 것들을 하면서 깨달은 원리와 노하우를 중점적으로 알려드릴게
요. 그래야 자신의 상황에 맞춰서 적용이 가능해요. 단, FM대로 가는 걸
원하는 분과 이 전자책은 맞지 않습니다. 최대한 이걸 배워서 자기에게 적
용해 보고 새로운 시도를 해나갈 분들께 알려드리고 싶고요.

3 읽는 대상
☐ 새로운 고객도 유치해 보고 사용자가 구매자로 이어지는 여정도 짜보
고 싶은 사람
☐ 나만의 플랫폼도 만들어보고 서비스나 콘텐츠를 제공해 보고 싶은 사람
☐ 크리에이터, 1인 기업, 디지털노마드, 직장인으로서 어디로 뻗어갈 수
있을까를 고민하는 분께 인사이트가 될 수 있을 겁니다. 저도 똑같이 고민
했었고 여전히 고민하고 있는 사람으로서 정보를 공유합니다.

(중략)
<인맥도 없고, 이 바닥은 처음이었지만>
1 공감
이 책의 제목이 <1년 안에 홀로서기>인 이유가 있어요. 크리에
이터로 살아남기가 너무 힘들어서 홍대에서 빵집 알바도 하고 구로디지
털단지에서 카페 알바도 했어요. 회사에 면접도 보러 다녔고요. 어떤 회사
에 합격한 적이 있었는데, 출근할 생각을 하니 안 좋은 의미로 미칠 것 같
은 거예요.(찐으로 아침에 출근할 생각하니까 너무 토 나오려고 하더라고
요.)
2 팔 것
그때 '마지막으로 딱 1년만 더 해보자.'고 생각하고 행동했어
요. 그때를 떠올려 만든 제목이긴 하지만 사람의 역량이나 배경, 환경이 다
다른 만큼 원하는 결과가 더 빨리 올 수도, 더 늦게 올 수도 있지요. 이 책은
1년 안에 홀로서기를 하기 위해 저 아나스타샤가 했던 시도들과 노하우가
담긴, 인사이트를 얻을 수 있는 책으로 생각하시면 좋겠습니다.

(중략)
네이버 같은 경우는 특히 검색 기반이기 때문에,
내 고객을 처음부터 가르기가 쉬워요.

사람들은 관심 있고 궁금한 것에 대해서 검색을 하죠.
검색어를 추측하고 발견하여
그 검색어에 내 블로그 글이 뜨게 만드는 게 중요합니다.

내 블로그에서 검색한 내용이 좋으면

다른 콘텐츠도 읽어보게 되고요,
그러다 보면 일반인들보다
내가 진행하는 프로젝트 자체에
훨씬 더 관심을 가지게 돼요.
왜냐하면 애초에 그 검색어에 관심이 있던 사람들이니까.

정보를 공유하고 있습니다
(중략)

'틱톡 수익'이라고 검색하면 제 글이 뷰 탭 맨 첫 번째에 뜹니다.
이제 틱톡을 시작하거나 틱톡 크리에이터로서 다른 크리에이터들은 얼마나 돈을 버는지 궁금한 사람들이 검색할 만한 검색어지요? 이 검색어에서 첫 번째를 차지하게 되면 틱톡에 관심 있는 사람들이 제 글을 클릭하게 될 거예요.

정보를 공유하고 있습니다 저는 이것과 관련된 프로젝트나 또 다른 틱톡에 대한 콘텐츠를 이 글에 링크해 둘 수 있고요. 그러면 자연스럽게 그것과 관련된 콘텐츠를 소비하고, 저란 사람에 대해 알게 되고, 이 사람이 진행하는 프로젝트들에 관심을 가지게 되는 거지요.

그래서 이 정보들을 수정해서 업로드했어요. 처음엔 별 노출도 없었고 누락된 글이었지만, 수정하고 몇 시간 뒤에는 첫 번째 페이지의 첫 번째 글로 급상승했습니다. 이후로 지금까지도 이 글은 효자처럼 저의 타깃군들을 긁어모아 주고 있어요.

2 팔 것 ☐ 전자책 무료 배포 받기(7/20~)

(중략)

다음 글로는 약 100여 명이 제 링크를 통해 앱을 구독했습니다. 1,300만 원이 넘는 매출을 냈어요. 이 글을 차분히 읽어보면서, 세 가지의 공식을 찾아볼게요.

30분 이야기하는데 문법 몇 개 교정받고,
일상 이야기하면 끝나는 영어회화 수업.
한 달에 30만 원은 기본.
이걸 언제까지 해야 하지?
1 공감　3 읽는 대상 분명히 영어회화의 필요성을 느끼는 분이라면
전화 영어부터 원어민 1:1 수업, 해외 연수까지
다양하게 거쳐봤을 겁니다. (ㅎㅏ)저는 해외 연수에 가서 얻어온 게 '친구
들'일 뿐이고
심지어 친구들도 다 배우는 입장이었기에
브로큰 영어를 쓸 수밖에 없던 친구들이었어요.
(ㅎㅏ X 1000000)

한국에 있을 땐 비싼 전화 영어를 등록해도
틀리는 구간은 늘 틀리고,
교정 몇 번 받으면 끝나는 시간이
1 공감　3 읽는 대상 아깝다는 생각도 든 적이 있을 거예요.

다들 영어에는 그렇게 돈을 쓰잖아요.
1 공감　3 읽는 대상 근데 그렇게 해도 효율적이지 않잖아요.

2 팔 것 답답하던 와중에 찾게 된 게 스픽입니다.

다음은 그 증거!
프리미엄 회원으로 22년 1월 29일에 가입했어요 ㅎㅎ

[한 줄 요약: 스픽은 타 브랜드 대비
기존 가격의 1/10만 내고 사용할 수 있어요.
그런데 기능은 훨씬 더 업그레이드되었고요!]

이전에도 스픽에 대한 글을 몇 번 썼었는데,
그만큼 늘 유용하다고 생각해왔어요.

오늘은 스픽 AI튜터를 소개합니다.
AI라고 무시했다가 큰 코 다칠 분들 많을 거예요.
대화 주제에 맞게 대답을 해줍니다.
그게 놀라웠던 점이었고요!

맨 아래에 스픽 2만 원 할인쿠폰도
2 팔 것 준비했으니 참고해 주세요!
(중략)

내가 몰랐던 것들이나 마음에 드는 표현은
저장해 두고 연습할 수 있습니다.

영어회화에서 가장 답답했던 건 흘러가는 대화 속에서
교정받은 것을 다 기억하지 못한다는 점,
다시 대화를 듣고 싶다면 처음부터 끝까지
1 공감 3 읽는 대상 1시간을 전부 들으면서 체크해야 한다는 점.

50

(중략)
이거 AI튜터 맞는 거죠?
이래서 스픽이 승승장구할 수밖에 없습니다.
2 팔 것 미국 실리콘밸리에서 개발한 소프트웨어다워요.
찐으로.
(중략)
표현에 개선할 점이 있으면 좀 더 고급진 영어로 바꿔주기도 하더라고요.

3 읽는 대상 여러분 왜 안 하세요?
앞으로 영어에 돈 쓰실 거면 그냥 스픽에 쓰세요.

이 글은 강의를 소개하고 판매하기 위해서 썼던 글입니다. 처음부터 강의에 대해 말하지 않았어요. 강의를 들을 만한 사람들을 특정해서 정해두고, 그 사람들이 필요로 할 만한 정보를 공유했습니다. 그리고 중요한 정보는 하나도 공유하지 않은 채, 현실적으로 적용할 수 있는 팁을 많이 넣었어요. 이 글 하나만 있어도 많은 게 해결되도록 말이에요.

판다는 것은 사람들이 원하는 것을 주는 일이므로, 돈을 받기 전부터 사람들이 기대하도록 만든다면 판매는 더 쉬워집니다. 글을 읽으며 독자가 가져갈 수 있는 건더기가 많은 글로 강의에 대한 신뢰도를 높였습니다. 독자는 자연스럽게 해당 강의에 있는 정보가 더 필요할 때 강의를 구매하면 얼마나 더 많은 걸 얻어갈 수 있을까란 생각을 하게 되죠.

'이 강의는 평점 5점 만점입니다.'와 같은 상투적인 말은 쓰지 않았어요. 독자가 필요로 하는 정보들을 제 경험을 바탕으로 꼼꼼하게 정리했습니다. 그리고 인터넷에서는 찾기 어려운, 직접 적용해 봐야만 알 수 있는 정보들을 블로그에 공유하면서 자연스럽게 맨 마지막에는 강의를 소개했을 뿐이지요.

다음은 아임웹 홈페이지 제작 꿀팁에 대한 포스팅입니다. '정보를 나눠주는 글'의 성격이 강하지만, 명백한 판매 글입니다. 이 글은 매달 평균 30만 원대의 강의를 적을 땐 3개, 많을 땐 15개 이상 판매해 주고 있습니다. 글 하나가 적금처럼 매달 90만~450만 원을 벌어주고 있습니다.

여기에도 세 가지 공식이 들어 있습니다. 이 공식을 알았으니 블로그를 해봤지만 왜 나는 안 될까란 의문을 넘어서, 진짜 내 글의 문제점을 찾을 수 있어요. 이제는 혼자서도 열심히 일하는 글을 만들어내고 잘 쓴 글이 그 힘을 발휘할 수 있도록 사람들을 모아야 할 차례입니다.

안녕하세요, 아나의디노입니다.

오늘 칼럼을 읽기만 해도

3 읽는 대상 아임웹으로 혼자 홈페이지를 만들 뿐만 아니라 어떻게 활용을 할 수 있는지, 매출을 높이기 위해 어떤 걸 할 수 있는지

알 수 있어요.

[1 공감] 아임웹을 활용해서 홈페이지를 만들었던 3년 전만 해도 이렇게 생각했어요.
"이건 너무 제한이 많아."

그럼에도 불구하고, 아임웹의 제한을 벗어날 수 있는 수많은 꼼수를 사용하여 진짜 0부터(정말 ㅠㅠㅠ) 100까지 혼자 만들고 제작한 아임웹 홈페이지 만드는 법을 공유합니다.

이걸 강조하는 이유.

여러분도 혼자 할 수 있기 때문입니다~!

혼자 홈페이지를 만들겠다고 고군분투한 지 3년차,
리뉴얼만 한 30번 한 것 같아요. 수정 횟수만 30,000회가 넘을 겁니다.
제한이 많음에도 아임웹을 선택할수 밖에 없었던 이유:

첫째, 강의 사이트에 외국에서 많이 사용하는 조합을 사용하면 한국 원화를 받기 까다롭다는 점. 스트라이프, 페이팔 등을 연동해야 하는 티쳐블+스퀘어스페이스 조합은 원화 문제 때문에 패스.

둘째, 같은 맥락의 문제로 고객 센터와 영어로 소통을 해야 하는데,
시차 때문에 일 하나 해결하려면 이틀은 걸려 시간 낭비가 너무 심했습니다.

셋째, 강의를 구매한 후 자동으로 사람들이 보게 하는 시스템을
다른 한국의 웹빌더에서 구현하기 까다로운 조건들이 많았어요.

정보를 공유하고 있습니다 웹빌더(Web-Builder)는 웹사이트를 빠르게 만들 수 있도록 도와주는 도구라고 생각하면 됩니다.
웹빌더를 사용하면 코딩을 못해도 빠르고 쉽게 웹사이트를 만들 수 있어요!

웹빌더에는 다양한 것들이 있는데요. 우리나라에서 많이 알려진 건 카페 24, 워드프레스, 윅스 세 가지 정도 같아요. 제가 원하는 강의 시스템을 만들기 위해서 3년간 여러 가지 테스트를 해봤어요.

목표는 아래 다섯 가지의 조건을 모두 충족하는 친구를 찾는 것이었습니다.

1. 예쁘게 만들어질 것(제작 자유도가 높을 것) : 디자인이 후지면 프로페셔널함도 떨어져 보이는 건 피할 수 없습니다.

2. 러닝 커브가 높지 않을 것: 빨리 배워서 빨리 써먹어야 하니까! 더군다나 전 코딩의 구조만 코딱지만큼 이해할 뿐, 1도 못하기 때문에 노코딩이 중요했어요.

(중략)

일단 아임웹으로 대충 홈페이지를 파놓고 다른 웹빌더를 사용해 보기 시작합니다.

아임웹의 치명적인 단점: 아임웹은 당시에 제작 자유도가 낮다는 점, 뉴스레터를 홈페이지에 바로 연동하기 어렵다는 점, 자동 이메일을 설정해두면 상품을 구매한 고객에게 원하는 대로 메일을 보낼 수 없다는 점, 고객 분류가 너무 어렵다는 것(타겟팅하기에 너무 무리가 있었어요)이 큰 단점이었어요.

대충 판 21년의 제 아임웹 강의 페이지는 생각보다 성적이 괜찮아서 일단 놔두고 다른거 찾기 고! 너무 까다롭나요?..그러니까 3년이나 걸린 거죠. **정보를 비교 분석 유형으로 공유하고 있습니다** 자유도가 높은 (내 마음대로 내 입맛에 맞게 제작이 가능한) 타 웹빌더를 사용하면서 느꼈던 문제점 요약

1. 극악의 난이도를 자랑하는 버블Bubble은 한국의 토스 페이 연동이 가능하지만, 러닝 커브가 너무 높았다. 실제로 버블은 강의도, 스터디도 겁나 많다. 그 말인 즉슨 난이도가 있다는 이야기다. 문제는 코딩도 어느정도 할 줄 알아야 이 툴 사용이 자유롭다는 것.

(중략)

이 모든 툴을 돌아가면서 복합적으로 써보니 웹빌더 구조는 다 비슷해서 러닝 커브는 높지 않은데, 역시나 원화 결제 + 페이 시스템 달기가 문제. 그래서 다 포기하고 난이도가 낮은 한국의 웹빌더를 사용해 봤어요. 카페

24, 식스샵, 크리에이터링크 등. 그런데 여기선 강의 시스템을 제대로 셋업하는게 까다로웠다는 이야기.

(중략)

2 팔 것 **강의 링크를 삽입했습니다** 이 3년간의 여정은 아래의 제 강의에 모두 오픈되어 있습니다. 하나도 빼놓지 않고 다 공유합니다! 참고가 되시면 좋겠어요!

  전문을 보시려면 큐알 코드를 찍어보세요.

05

어떻게 하면 내 글이
검색되게 만들 수 있을까요?

**"사람들이 많이 검색하는 대중적인 키워드보다
검색량이 적어도 뾰족한 키워드를 글에 넣습니다."**

"오늘 블로그 최고 방문자 수 나왔어요!"라는 말을 듣기까지, 98%
는 딱 한 달이면 가능했습니다. 100명 중 98명이 그랬다는 이야
기입니다. 하루에 몇 명이 블로그에 들어왔는지는 '일 방문자 수'
로 알 수 있습니다. 수강생 중에는 일 방문자 수가 100명대였다
가 1만 3,000명을 넘긴 경우도 있고 4만 3,000명이 넘게 들어오는
쾌재를 불러일으키기도 했습니다. 이 모든 게 한 달 만에 일어난
일입니다.

이뿐만이 아닙니다. 전자책 소개글 하나 잘 써서 검색 결과 첫
페이지에 노출된 수강생도, 블로그를 시작한 후 난생 처음 만져보

는 매출을 만들기 시작한 대표님도, 육아 때문에 잠시 일을 쉬어야 했지만 꼭 해보고 싶었던 일을 다시 시작하게 된 경단녀도 있었습니다. 블로그에서 뭔가를 판매하는 창업은 말할 것도 없고, 블로그를 사람이 모이는 무대로 살뜰히 만든 거죠.

사용자가 네이버에서 검색했을 때 1페이지에 뜨는 글을 '상위 노출된 글'이라고 부릅니다. 검색했을 때 1페이지에 어떻게 나올 수 있을까요? 내 글이 검색자가 원하는 콘텐츠라는 판단이 들게끔 글을 써야 합니다. 네이버 로봇이 검색자가 찾는 글이라고 판단하는 글을 띄워주기 때문이에요.

그래서 블로그에는 다수가 찾는 폭넓은 주제가 아닌, 뾰족한 주제로 글을 써야 합니다. 유튜브, 인스타그램, 틱톡과 같은 영상 플랫폼에서는 일단 홈(추천 탭)에 콘텐츠가 올라가야 사람들이 볼 수 있기 때문에, 다수가 공감하거나 관심을 가질 만한 것으로 이야기를 시작합니다. 일단 많은 사람들이 내 콘텐츠를 클릭해야 하니까요. 그러나 블로그는 반대로 운영해야 합니다. 검색을 통해 원하는 것이 있는 사람이 관심을 가질 만한 콘텐츠로 잡아야 합니다. 예를 들어볼게요.

영상 플랫폼에서 스타벅스 커피를 소개하고 싶다면, 스타벅스를 알기만 한다면 관심을 가질 수 있는 소재로 시작하는 게 좋겠죠? '모르면 손해 보는 스벅 꿀팁'이나 '다이어트 할 때 먹는 스벅 저칼로리 Top3'나 '스타벅스 달달한 추천 메뉴 세 가지'로 제작하

스타벅스 인기 메뉴 슈크림 라떼 꿀조합 커스텀 레시피 추천

👤 엄채연 방금 전 비공개   URL 복사 📊통계 ⋮

다시 나온 스벅의 슈크림 라떼. 이건 못참지. 그래서 포스팅 하려다가
오늘은 슈크림 라떼 꿀조합과 커스텀 레시피까지 가져와봤습니다.

는 게 좋습니다. 이 제목들은 실제로 조회수가 50만 회 이상 되는 영상들의 제목이기도 합니다.

블로그에서는 특정 키워드가 중요하기 때문에 '스타벅스 인기 메뉴 슈크림 라떼 꿀조합'나 '스타벅스 메뉴 커스텀 레시피 추천'처럼 써야 합니다. 위의 글은 사람들이 '스타벅스 메뉴', '스타벅스 슈크림 라떼', '스타벅스 꿀조합', '스타벅스 커스텀 레시피', '스타벅스 추천'처럼 검색할 거라고 생각하고 쓴 글입니다.

우리가 검색할 때 어떻게 하는지 생각해 보세요. 검색할 때 입력하는 단어가 키워드이고, 네이버는 뾰족한 키워드를 여러 개 잡는 게임입니다. 쉽죠? 처음에 사람들이 어떻게 검색할지 생각하는 것에서 이미 50%를 해결하게 됩니다.

사람들이 쓰는 키워드를 찾고, 그 키워드에 맞게 노출시키면 조회수가 적다고 해도 판매로 이어집니다. 글 하나가 열심히 일하도록 만들 수 있습니다. 다음은 앞에서 소개한 글의 조회수에

퍼스널 브랜딩, 1인 기업으로 홀로서기 🔗 게시물 보기　　📄 다운로드

2022.06.28. 19:08 작성

누적 조회수	누적 공감수	누적 댓글수
3,561	248	671

영어공부혼자하기, 앱으로 하는 1:1 영어회화과외 스... 🔗 게시물 보기　　📄 다운로드

2022.03.03. 14:02 작성

누적 조회수	누적 공감수	누적 댓글수
4,690	31	22

스픽 AI튜터와 인간 관계 상담한 후기(2만원 할인쿠폰) 🔗 게시물 보기　　📄 다운로드

2023.01.06. 17:31 작성

누적 조회수	누적 공감수	누적 댓글수
1,439	22	7

아임웹 홈페이지 제작 중 꿀팁 : 3년차 고수의 활용법... 🔗 게시물 보기　　📄 다운로드

2023.10.17. 18:31 작성

누적 조회수	누적 공감수	누적 댓글수
5,531	63	26

요. 누적 조회수 5,000을 넘기는 게 거의 없습니다. 그러나 글 하나가 열심히 일해왔지요. 물론 이런 글이 조회수까지 높다면 금상첨화입니다.

그렇지만 다르게 생각해 보면 사람들이 한 달에 10만 명 이상 검색해 보는 큰 키워드가 아니어도 뾰족하기만 하다면 작은 키워드로 노출됐을 때도 충분히 성공할 수 있다는 거죠. 작은 키워드란, 정해진 범위는 없지만 이 책에서는 한 달에 사람들이 검색해 보는 양이 5,000회 이하일 때로 정의합니다.

한 달간 1만 명이 찾아보는 키워드라면 매일 333명이 그 키워드를 찾아본다고 대중해 볼 수 있습니다. 그 키워드로 내 글이 노출되어 있다면, 333명의 50%만 내 글을 클릭해도 하루 166.5명의 사람들이 내 블로그를 들어오게 됩니다. 이런 글이 10개가 있다면 하루에 1,665명이 내 블로그를 방문하게 되겠지요. 너무 어렵게 생각할 필요가 없습니다.

하루에 100명만 내 블로그로 들어오게 하고 싶다면, 키워드로 내 글이 하나만 노출되어도 됩니다. 물론 모든 키워드마다 노출되는 기간(수명)이 있기 때문에 그 점을 무시했을 때의 시나리오이긴 하지만요. 아주 단순하게 생각해 보면 그렇습니다.

제 블로그 또한 하루에 1,000~2,000명이 들어오는 작은 블로그입니다. 한때는 하루 1만 명이 들어오는 블로그로도 키워봤으나, 네이버 광고비로 들어오는 애드포스트가 10만 원에서 그치자 판매할 수 있는 것이 있는 글만 쓰기 시작했어요. 당연히 키워드도 훨씬 뾰족한 것으로 썼고요. 그 이후로 하루 1,000~2,000명만 들어와도 애드포스트보다 100배는 많은 돈을 벌 수 있었습니다.

앞에서 소개했던 '알아서 돈 버는 글'의 조회수는 다음과 같습니다. 누적 조회수(글이 발행된 이후로 해당 글이 조회된 수)는 1만은커녕 5,000도 넘지 않는 글이 태반입니다. 그런데 이 글들이 열심히 일을 한 것이지요.

일 방문자 수도 중요하지만 처음에는 작은 키워드를 여러 개 잡는 것이 유리합니다. 이렇게 말하면 블로그를 배우러 온 수강생 중 대부분의 사업주들은 이렇게 묻습니다.

"이 정도 조회수로 효과가 있을 정도면 그냥 광고비를 더 넣는 게 유리하지 않나요? 굳이 시간 들여서 글 쓸 필요도 없고요."

네, 그렇게 해도 됩니다. 단, 광고비를 적어도 1년에 3,000만 원 이상 꾸준하게 넣을 수 있다면요. 제가 경험해 본 바로는 그렇습니다. 하지만 조금만 생각해도 답은 있습니다.

3,000만 원 이상 광고비를 지출할 수 없는 상황이라면 어떻게 하겠어요? 또한 3,000만 원을 광고비로 넣었는데, 광고 효과가 없어서 벌리는 돈이 적다면 어떻게 하겠어요? 광고비로 3,000만 원을 썼는데 매출이 3,000만 원이라면 영업 이익은 0원이 아니라 마이너스입니다. 직원은 고사하고 대표의 인건비도 벌어들이지 못하는 상황이지요.

이런 위험이 도사리고 있으니 콘텐츠로 시장을 먼저 파악하는 게 가장 안전합니다. 어떤 콘텐츠가 인기 있는지, 어떻게 하면 사람들이 더 빨리 반응하는지, 블로그 시장에서는 어떻게 상위 노출을 하고 그 노출을 유지시키려면 또 어떤 도구들을 글에 더 넣어야 할지 등을 블로그 하나로 테스트해 볼 수 있습니다.

이런 고민은 블로그 초보들도 마찬가지입니다. 내 블로그에 하루에 100명만 와도 좋겠다고 생각한다면 다르게 생각해 볼 수 있습니다. 이 책을 지렛대 삼아서 블로그를 키운 다음, 콘텐츠를 만들어가면서 새로운 시장을 알게 될 수도 있습니다.

사람들의 반응도 좋고, 떠오르는 것인데 마침 내가 기여할 수 있는 부분도 있다면, 그 시장을 더 깊게 콘텐츠로 보여줘도 되고, 창업을 할 수도 있습니다. 창업 후 회사 규모를 키우는 역량은 역시나 '새로운 고객을 끊임없이 데려오는 것'입니다. 창업이 아니라 나를 브랜딩하여 또 다른 밥줄을 만들 수도 있습니다. 그 밥줄은 역시나 콘텐츠를 만드는 힘에서 기인합니다.

운영하려는 블로그의 주제부터 생각하고, 그 주제에 맞는 키워드(사람들이 검색해 볼 만한 것들)부터 생각해 보세요. 그 리스트를 만들어가는 방법은 다음 장에서 자세하게 살펴보겠습니다.

블로그를 시작한 지 얼마 되지 않았을 때는 글을 올려도 볼 사람이 없다고 생각하세요.

'이게 무슨 의미가 있나. 어차피 내 글은 아무도 안 볼 텐데.'

아무것도 없이 0에서 시작하면 당연히 이런 마음이 들게 됩니다. 실제로 처음에는 조회수가 적습니다. 그래서 사람들이 키워드는 전혀 찾아보지 않고, 자신과 결이 맞는 계정을 찾아서 서로 이웃 추가(서이추)를 하고 다닙니다. 그리고 이웃들이 글을 올릴 때마다 댓글을 정성스럽게 답니다. 그렇게 하면 내가 글을 올릴 때마다 이웃들도 나를 찾아오기 마련입니다.

이들은 제목에 키워드를 넣기보다 서이추를 한 사람들이 클릭할 수 있게끔 훅(Hook, 문서에서 관심도를 높여 클릭하게 만들기)이 되는 제목을 만들고, 글을 씁니다. 이렇게 하면 처음에는 내 글을 봐주는 사람들을 쉽게 만들 수 있다고 생각합니다. 글력(글을 쓰는 힘)도 길러질지 모릅니다.

다만 이렇게 하면 블로그는 느리게 클 수밖에 없습니다. 왜냐고요? 우리가 항상 일해야 하거든요. 우리가 일하지 않고, 글이 일하게 만들어야 하는데 말이에요. 글은 둘 다 똑같다고 가정한 뒤, 다음의 두 가지 경우를 살펴봅시다.

서이추 하고 다니기(매일 1,000명)

VS

상위 노출(하루 검색 빈도 1,000회)

서이추를 하루에 1,000명에게 보내고, 50%가 수락하여 내 블로그에 들어왔다고 가정해 봅시다. 상위 노출은 키워드 하나로 되었고, 글 하나만 노출되었기에 검색자 1,000명 중 50%가 내 블로그에 방문한다고 가정합니다. 그러면 다음과 같이 정리할 수 있습니다.

키워드를 노려서 상위 노출을 만드는 게 현명한 이유는 무엇일까요? 우리가 인간이라서 에너지가 무한하지 않기 때문에? 그래서 서이추 안 하고 다니면 내 글을 보는 사람이 없을까 봐? 시간이 충분하지 않기 때문에? 글 하나만 잘 써두고 노출되면 혼자서 일할 수 있으니까?

다음의 표를 보면, 방문자 수는 똑같은데 들인 시간은 13배 정도가 차이 납니다. 블로그는 장기전입니다. 오래 운영하려면, 그 시간에 차라리 콘텐츠를 하는 게 더 낫죠. 그래서 내가 쉴 때도 충분히 굴러가는 블로그를 운영한다면, 남는 시간을 다른 데 투자할 수 있습니다. 가장 현명한 방법입니다.

키워드는 복리입니다. 위의 표에서는 오로지 1개의 글이 상위 노출되었을 때를 가정했습니다. 만약 내 글이 같은 검색 규모의 키워드 10개에 상위 노출이 된다면 어떻게 될까요? 일 방문자는 500명이 아니라 5,000명이 됩니다.

5,000명을 매일 내 블로그에 서이추로 들어오게 하려면, 50%의 사람들이 내 블로그로 들어온다고 가정했을 때 매일 1만 명한테 서이추를 하러 다녀야겠지요. 포스팅과 키워드가 좋다면 다음의

분류	서로 이웃 추가	상위 노출
소요 시간	1인당 30초×1,000=30,000초(500분)	글쓰기 120분
1일차 방문자	500명	500명
2일차 방문자	500명	500명
3일차 방문자	500명	500명
총 방문자	1,500명	1,500명
총 소요 시간	매일 500분×3일=1,500분	글쓰기 120분

세 가지가 가능합니다. 선순환이 됩니다.

1. 검색할 때마다 검색 결과에 내 블로그가 뜨면 사람들은 알아서 찾아옵니다.
2. 그들이 원하는 걸 계속해서 얻을 수 있는 곳이라는 확신을 얻습니다.
3. 그러면 알아서 또 찾아옵니다.

우리가 찾아다니지 않아도 글 하나가 알아서 일합니다. 여기에 재미있는 사실이 숨어 있습니다. 사실 서이추를 하러 다니는 과정에서 우리는 이미 검색을 했고 상위 노출이 된 사람들에게 들어갔습니다. 먼저 판을 깔아둔 사람들은 키워드를 찾아보면서 상위 노출을 노린 사람들이란 뜻입니다.

키워드가 중요하지 않다고 생각하고 글에 힘을 쏟는 많은 분들을 봤습니다. 개중에는 실제로 블로그로 영향력을 끼치기 시작한 사람들도 있었습니다. 하지만 규모를 드라마틱하게 키우지는 못했습니다. 키워드 하나만 더했다면 더 많은 사람들에게 다가갈 수 있었을 텐데, 그걸 안 해서 거기서 끝나고 말았습니다. 그게 바로 키워드의 힘입니다.

2

블로그,
이렇게 시작해요

01

블로그로 키우기 어려운
주제나 카테고리가 있나요?

**"사람들이 검색을 덜하는 분야라면 블로그를
빠르게 키우긴 힘들 거예요. 검색하는 사람이 적으니
인기 있는 주제를 다루는 블로그에 비해서
빨리 늘지 않을 수 있습니다."**

아무리 열심히 포스팅을 해도 블로그가 잘 크지 않는다는 분들이 있습니다. 글감이나 키워드를 찾는 데 딱히 문제는 없는데, 이분들만 유독 제자리걸음을 하는 것을 보고 깨닫게 되었습니다. 애초에 사람들이 관심을 가지는 분야를 다루는 게 중요하다는 것을요.

제가 꽃집에서 '정말 죽이기 힘든' 식물이 뭐냐고 물어본 적이 있습니다. 사장님이 "바질은 단 한 분도 죽였다는 분을 못 봤다."고 해서 바질을 사왔어요. 저희 집은 햇볕도 곧잘 들고 따뜻해서 바질이 금방 자라더군요. 얼마 후 저렴한 흙을 구입해서 분갈이를 했습니다. 일주일 뒤, 모든 바질이 시들어 죽었습니다. 다른 요인도 있겠지만 바뀐 건 흙밖에 없기에, 흙을 잘못 샀다는 것을 알았어요.

블로그를 할 때도 흙, 즉 시장을 잘 고르는 것이 중요합니다. 이미 잘 안 되는 시장인 것을 알고도 오래했다는 이유만으로 계속해서 그 시장에 몸담고 있는 분들을 보면, 꼭 잘못된 흙에서 자라는 바질처럼 보입니다. 어디서든 잘 자랄 수 있는 여러분은 애초에 좋은 흙에서 환경만 잘 세팅하면 되는 시작을 하길 바랍니다.

좋은 시장은 무엇일까요? 저는 두 가지라고 봅니다.

1. 사람들이 관심을 가지는 것
2. 복리*가 되는 것

이 두 가지를 가지려면, 그 반대의 행동을 피하면 됩니다. 우선 사람들의 관심이 식어가고 있는 분야나 너무 마니아적인 것을 안 하면 됩니다. 또, 복리가 되지 않는 것은 시작하지 않습니다. 콘텐츠 하나가 오랫동안 일하지 못하고 단발성 콘텐츠를 계속해서 만들어야 하는 경우입니다.

---

* 복리(複利, compound interest) : 일정한 기간의 기말마다 이자를 원금에 가산하여 그 합계액을 다음 기간의 원금으로 하는 이자 계산 방법에 따라 계산된 이자. (출처: 네이버 사전)

똑같은 전략을 공유했는데도 도무지 키우기 힘들었던 두 개의 시장이 있었습니다. 바로 수공예와 독서(책 소개)였어요. 수공예는 찾는 사람이 드물고, 수공예 제품을 구매하는 사람도, 한 곳에서 지속적으로 제품을 구매하는 사람도 드뭅니다.

책도 마찬가지입니다. 지금은 책을 읽어주는 오디오북을 듣거나, 책을 소개하는 유튜브를 보는 사람들이 훨씬 많은 시대입니다. 생각보다 책 제목이나 작가를 검색하는 경우는 적습니다. 사람들이 그나마 검색해 보는 베스트셀러들로 계속 리뷰를 해야 합니다. 그래서 책 소개를 통해 블로그 규모를 키우는 것은 매우 더딜 수밖에 없습니다.

다음은 블로그 크리에이터 어드바이저에서 나온 24년 4월 통계입니다. 전반적으로 엔터테인먼트/예술의 조회수가 적습니다. 예술에는 문학/책, 영화, 미술/디자인, 공연/전시, 음악, 드라마, 스타/연예인, 만화/애니, 방송이 포함되어 있습니다. 엔터테인먼트/예술 분야에서 문학/책은 꽤 높은 조회수를 차지하는 듯 보이지만 크게 봤을 때 생활/노하우/쇼핑이나 여행/맛집, 지식/동향보다 훨씬 조회수가 적은 것을 알 수 있습니다.

조회수가 너무 적은 분야라도 꾸준히 가꿀 자신이 있다면 선택해도 됩니다. 하지만 규모를 빨리 키우는 게 우선이라면, 조회수가 많은 분야에서 골라야 합니다. 단, 적어도 한 달간은 매일 한 시간씩 수다를 떨어도 지겹지 않은 분야여야 지치지 않고 오래 갈

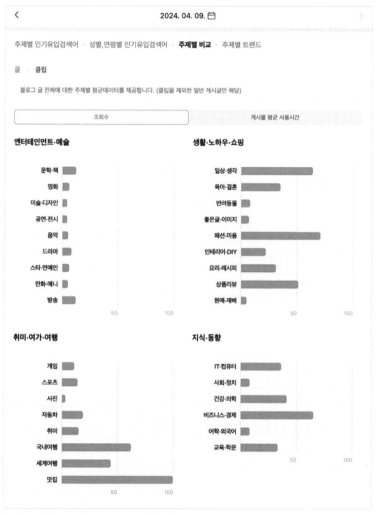

출처: 블로그 크리에이터 어드바이저(2024년 4월)

수 있어요. 나에게는 어떤 주제가 맞을지 천천히 고민해 보세요.

복리는 단순합니다. 블로그 세계에서의 복리는 검색하는 사람이 상위 노출된 내 글을 클릭해서 블로그로 들어온 뒤, 다른 글들도 꼼꼼하게 살펴보는 것을 말합니다. 상위 노출된 글들이 오랫동안 유지되어 그 글이 일을 할 수 있도록 하는 것이기도 하지요.

이제 반대로 생각해 봅시다. 매번 다른 주제로 발행되는 글이 복리가 될 수 있을까요? 어떤 사람은 뷰티용품에 관심이 있어서 내 블로그의 립스틱 리뷰 글을 보고 들어왔습니다. 내 블로그에는 뷰티 글만 있는 게 아니라 최근 다녀왔던 음식점, 일, 주식, 여행 등에 대한 정보들이 있습니다. 이렇게 많은 콘텐츠가 쌓여있지만 뷰티에 관심이 있어서 들어온 사람이 내 블로그를 다시 찾아올 이유는 없을 것입니다.

블로그라는 매체는 검색하는 사람들이 꾸준히 찾아오게 만드는 무기가 약합니다. 영상 매체처럼 사람들이 출퇴근 시간에 늘 찾아보는 것도 아니고, 가볍게 보기엔 글의 양이 꽤 많은 편입니다. 그래서 따로 팔로우를 하거나 알림을 잘 설정하지 않는 플랫폼이기도 합니다.

검색하는 사람들은 그들이 검색한 것에 관심이 있는 사람들이니, 상위 노출된 나의 블로그 글을 클릭해서 들어왔을 땐 관련된 글들이 풍부하다는 것을 보여주어야 합니다. 재방문율을 높여서 상위 노출된 글이 아닌 글을 보는 사람들을 늘리는 것이지요. 이런 사람들이 많아지면 블로그 방문자 수는 안정적으로 높아질 거예요. 현명한 복리죠.

또 하나, 블로그에서 트렌드를 다룬다면 계속해서 관련된 콘텐츠를 만들어내야 합니다. 트렌드에 대한 인기는 금방 식어서 새로운 것을 만들지 않으면 블로그 방문자 수를 유지하기 힘들지요. 이런 카테고리는 흔합니다. 스포츠 뉴스, 연예인 일상다반사/패션/이슈, 뉴스에 나오는 뜨거운 감자 등이요. 이슈는 금방 사그라듭니다. 매번 새로운 것을 힘들게 생산하는 것보다 흙을 비옥하게 만들어 단단하게 뿌리 내릴 수 있도록 준비하자고요.

02

블로그 닉네임은
어떻게 짓는 게 좋을까요?

"일단 블로그 닉네임으로 하고 싶은 단어를 검색해 보세요. 검색 결과가 너무 많거나 '제안' 탭의 다른 검색어로 검색된다면, 그 이름은 피하는 것이 좋습니다. 내가 도전하려는 분야를 직관적으로 나타내고 부르기 쉬운 이름이 가장 좋습니다."

제가 아는 한 블로거는 사람들이 자신의 블로그를 못 찾았으면 좋겠다고 하여 닉네임과 블로그 이름(블로그 제목)을 구황작물 이름으로 지었습니다. 지금도 그 블로그를 찾으려면 시간이 한참 걸립니다. 서로 이웃 창으로 들어가서 확인하지 않는 이상은 찾지 못할 때가 더 많아요. 그는 파워블로거에 하루 방문자 수가 1만도 넘지만, 사람들은 블로그 이름과 닉네임을 기억하지 못합니다.

사람들이 내 블로그를 쉽게 기억하고 잘 찾아오게 만들려면, 흔한 이름은 피해야겠죠? 더군다나 내가 만드는 모든 콘텐츠와 브랜드는 쉽게 검색되어야 합니다. 누군가가 내가 진행한 프로젝트에 대한 후기를 써주었는데, 그 귀한 글이 검색되지 않는다고 생각해 보세요. 안타까운 일이지요.

저의 이전 닉네임은 '아나의여행'이었는데, 블로그가 꽤 알려졌을 때 과감하게 닉네임을 바꾸기로 결정했습니다. '아나의여행'으로 검색하면, '아이와 나의 여행'이나 '나트랑 여행 아미아나 리조트'와 같은 글이 함께 나타났기 때문이지요. 블로그 글 제목에 검색 내용과 겹치는 단어가 있다면 이렇게 검색되기도 하거든요.

검색 결과에 내 닉네임과 상관없는 글들 말고, 오로지 내가 쓴 글만 나타나면 좋겠다 싶었습니다. 그래서 검색했을 때 연관된 검색 결과가 나오지 않는 닉네임인 '아나의디노'로 변경하게 되었습니다. 지금의 닉네임을 검색하면 저라는 인물에 대한 정보, 제가 쓴 책이나 진행 중인 프로젝트, 후기 글이 나옵니다. 만약 예전 닉네임을 사용했다면 아직도 다른 블로그 글들과 함께 나왔겠지요?

이 규칙은 비단 닉네임에만 해당되는 것은 아닙니다. 이름이 필요한 나만의 스몰 비즈니스, 브랜드, 프로젝트, 리뉴얼 등에도 적용됩니다. 검색이 가능한 땅을 먼저 고르는 것이지요. 사람들은 닉네임을 사용해서 내용을 업로드하거나 공유하고 사용자들은 닉네임이나 블로그 이름으로 검색할 텐데, 검색이 안 된다고 생각해 보세요. 안타깝습니다.

반대로 생각해서 내가 사용하려는 닉네임을 검색해 봤을 때 어떤 결과도 나오지 않는다면, 그 닉네임은 하나의 '새로운 키워드'

가 될 수 있습니다. 가령 유명한 먹방 유튜버 쯔양을 검색하면 검색 결과로 쯔양만 나옵니다. 그러나 유명한 유튜버 풍자를 검색하면 검색 결과 중반부터는 '풍자하다'(남의 부족한 점을 다른 것에 빗대어 비웃으면서 폭로하고 공격하다)라는 단어를 사용한 블로그 글이나 기사들이 나타납니다. 이렇듯 세상에서 전혀 사용하지 않는 단어를 내 닉네임으로 만들면, 그것 자체가 탄탄한 키워드가 될 수 있습니다.

이뿐만이 아닙니다. 기존의 상표나 저작권이 있는 회사의 이름을 쓰게 되면 추후에 불이익을 받을 수 있습니다. 실제로 저작권이 등록된 회사의 이름을 사용하면 법적인 제재가 들어올 수 있으니 미리 검색해 봐야 합니다.

또한 이름이 직관적이지 않으면 사람들이 기억하기가 어렵습니다. 그래서 최대한 직관적이고, 쉽고, 짧게 지을수록 좋습니다. 5글자를 넘어가지 않아야 하고, 3글자가 가장 적합하다고 생각합니다.

어려운 단어나 핥, 훑 등의 어려운 글자도 피하세요. 어려운 글자는 검색 과정에서 오타로 인식되기도 합니다. 욕처럼 들리는 단어나 부정적인 어감의 단어도 좋지 않습니다. 사람들이 내 브랜드를 떠올렸을 때 부정적인 감정을 느끼도록 의도하는 게 아니라면요.

또 '자동 완성'되는 것을 피해야 합니다. 블로그 이름을 '리큐리'

네이버 검색 화면

라고 짓고 싶다면 네이버에서 검색부터 해보세요. '리큐리'를 입력하면 사람들이 많이 찾는 '리큐르'로 바뀌어 검색되는 걸 알 수 있습니다. 검색 결과에 '제안' 탭이 뜨면서 자동으로 다른 검색 결과가 나온다면 이 검색어로 아무리 많은 프로젝트를 쌓아도 검색이 안 되는 겁니다.

사용자 입장에서도 번거롭습니다. 검색하고 싶었던 '리큐르'의 검색 결과를 다시 찾아보지 않거나, '제안' 탭을 보지 못해서 그냥 넘어가는 경우도 있습니다. 노출될 수 있는 기회를 뺏기는 것이지요.

닉네임은 기억하기 쉽게 내가 하려는 일과 어느 정도 이중적인 뜻이 일치하면 좋습니다. 미국의 '샤크 탱크(Shark tank)'(2009)라는 사업 오디션 프로그램의 심사위원이었고, 뉴욕 최대 부동산 사업

가이자 투자자인 바바라 코코란(Babara Corcoran)이 언급했던 이름을 공유합니다. 브랜드 이름이 해당 사업을 떠올리게 하는 직관적인 이름의 예입니다.

1. Crispy Cones(바삭한 콘과자): 이 회사는 아이스크림 콘과자를 팝니다.
2. Cousins Maine Lobster(사촌 Maine-미국 북동부의 주랍스터): 푸드 트럭에서 랍스터를 팝니다. 사촌과 Maine이라는 친근한 이름으로 접근성을 낮췄습니다. 우리나라로 하면 '김가네 김밥' 입니다.
3. Holiball(명절 공): 이 회사는 크리스마스에 사용하는 볼(구형 물체)을 팝니다.

우리 주변에도 이러한 이름들이 많습니다. 다음은 페리페라 브랜드에서 만든 틴트 이름들이에요. '이건 대체 무슨 색일까?' 하는 생각이 드는 이름들이 있습니다. 재미도 있지만 직관적이진 않아요. 사람들이 상상하기 나름인 이름들이거든요.

#42 감성표현, #43 감성캐리, #44 감성포스, #1 브릭부심, #2 여주인공, #3 얼죽레드, #4 갑분생기, #5 코랄 피셜, #6 비주얼갑, #7 품절대란, #15 외모성수기, #16 하트백만개, #17 감성독점, #19

나심저격, #20 여주등극, #21 생기대란, #22 감성앤딩, #24 누디
라떼, #25 누디빛밤, #26 누디플로우, #27 누디과몰입, #28 누디
풀데이

이런 이름이 나쁘다는 게 아닙니다. 이것이 이 브랜드의 개성
이죠. 하지만 개인이 이름을 지을 때는 직관적으로, 최대한 겹치
지 않는 쪽으로 짓는 게 좋습니다.

마지막으로 언급할 내용은, 좀 더 국제적인 프로젝트나 브랜드
이름에 해당되는 사항입니다. 가끔 네이밍(Naming: 상표나 회사 따
위의 이름을 짓는 일) 작업을 할 때, 기획 단계에서 꼭 해보는 일인데
요. 구글에서 영어로 검색해 보는 것입니다. 해당 단어가 다른 나
라에서는 비속어이거나 부정적인 뜻일 경우도 있습니다. 해당 국
가에서 어떤 어감으로 받아들일지, 내가 생각한 뜻과 해당 국가에
서 받아들이는 뜻이 다른지도 생각해 봐야 합니다. 물론 우리나
라에서만 쓰는 네이버 블로그 닉네임을 짓는데 다른 나라까지 생
각할 필요는 없지만, 혹시나 세계를 대상으로 뻗어나갈 가능성이
있다면 참고하세요.

이름을 잘 지어야 합니다. 이름은 나를 위한 게 아닌, 받아들이
는 사람을 위주로 생각해야 하는 중요한 과업입니다.

03

프로 블로거처럼 글을 쓰려면
어떻게 해야 하나요?

"프로 블로거처럼 보이고 싶다면 글을 쓸 때
네 가지만 신경 쓰세요.
바로 네이버 지도, 기호 목록/숫자 목록,
소제목/인용구, 맞춤법입니다."

프로 블로거처럼 보이고 싶다면 딱 네 가지만 기억하세요.

첫째, 네이버 지도 사용법입니다. 네이버에서 원하는 맛집을 검색한 뒤, 플레이스에 들어가면 방문자 리뷰와 블로그 리뷰를 볼 수 있습니다. 요즘엔 이렇게 맛집 리뷰를 검색하는 분들이 많습니다.

어떤 장소를 다녀왔다고 기록하면서 블로그에 지도를 첨부하면 블로그 리뷰 창에서 내 글이 검색될 수 있습니다. 그냥 묻힐 수도 있는 내 글을 뜻하지 않은 곳에서 노출할 수 있단 뜻이죠. 또한 검색을 통해 내 블로그에 들어온 사람들은 해당 장소를 지도로 쉽

게 찾아볼 수 있습니다. 네이버 봇한테는 '나 여기 다녀왔어'를 두 번 확인시켜 주는 셈입니다.

장소 첨부는 블로그에서 **글쓰기>장소>확인** 세 단계만 하면 됩니다. 아주 간단합니다.

맛집이나 여행지의 네이버 지도는 무조건 블로그 본문에 첨부 하세요. 국내뿐만 아니라 해외 장소도 네이버 지도로 첨부할 수 있습니다. 해외여행을 가기 전에 가야 할 곳을 순서대로 표시할 수도 있어요. 이런 기능은 네이버 지도, 카카오 맵, 구글 맵에도

https://m.place.naver.com/my/theme/62cd315336e7e6acae79000b?v=2

있지만, 블로그에서도 내가 다녀온 장소를 한 번에 지도에 표시할
수 있습니다.

둘째, 기호 목록/숫자 목록입니다. 이 기능을 써야 하는 이유는
간단합니다. 사용자가 어떤 것을 검색했을 때, 순서대로 뭔가를
해야 한다면 그림과 같이 1, 2, 3 순서대로 검색되기 때문입니다.
모든 것이 이렇게 검색되는 건 아니지만, 사람들이 순서를 궁금해
하는 특정 주제의 경우에는 대부분이 이렇게 검색됩니다. 그러니
중요한 정보를 기호 목록으로 요약하고, 숫자 목록으로 순서를 정

리해 두면 검색 노출에 용이하겠죠? 읽는 이도 편하고 가독성도 좋으니 일단 해보세요.

셋째, 가독성을 높이는 소제목/인용구를 사용합니다. 소제목/인용구를 사용하면 중요한 내용처럼 보입니다. 또 깔끔하게 정리되어 보여 좀 더 전문적인 글처럼 만들어줍니다.

마지막으로 소개하고 싶은 것은 바로 맞춤법 기능입니다. 맞춤법 기능은 띄어쓰기부터 어휘까지 아주 명확하게 체크해 주는 툴이지요. 저는 항상 글을 발행하기 전에 맞춤법 기능을 사용합니다. 아무리 전문성이 있는 사람이라도 너무나 쉬운 맞춤법을 틀린다면 그가 가진 전문성도 믿을 수 없게 됩니다. 글을 다 쓴 후에는 꼭 **맞춤법 검사**를 눌러 검사한 후 발행하세요.

비교적 최근에 나온 '내돈내산 기능'도 있습니다. 이 기능은 사용자가 직접 구입한 물건을 사용한 후 리뷰를 쓸 때 '내돈내산'이라는 것을 보증합니다. 광고주나 사업주로부터 리뷰 작성을 대가로 어떠한 경제적 이익도 받지 않았을 때 쓰는 기능이지요. 내돈내산 인증이 첨부된 글의 상단에는 '내돈내산 인증 배너'가 나타납

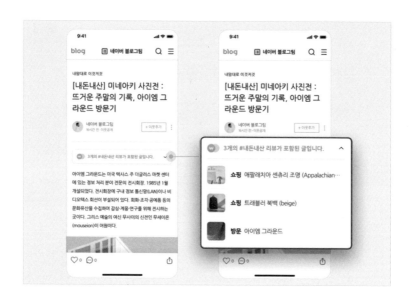

니다. 인증 배너 상세 내역을 클릭하면, 해당 요소가 있는 위치로
이동하게 됩니다.

구입 내역이나 다녀온 장소가 인증 가능하다면 '내돈내산' 탭에
표시됩니다. 네이버 쇼핑에서는 스마트스토어, 블로그 마켓, 네
이버 장보기, 주문형 페이의 구매확정 내역이 나타나고, 방문한
장소는 네이버 예약, 네이버 주문의 이용완료 내역으로 나타납니
다. 다만, 일부 업종이나 페이 서비스를 이용한 경우에는 표시되
지 않을 수도 있습니다. 사용법은 간단합니다. 상단의 **내돈내산
상품 첨부 > 쇼핑/방문 중 선택 > 첨부하고자 하는 컴포넌트**를 선
택하면 됩니다.

04

막상 글을 쓰려고 하니
뭐부터 해야 할지 모르겠어요.
어떻게 하죠?

"매일 21일간 한 문장만 써보세요. 이후에 습관이 되면
글감부터 수집합니다. 글을 쓰기 전엔 글의 재료가 될
글감이 필요하거든요. 처음에는 제가 드리는 글감으로
글을 써보세요."

글을 쓴다는 것 자체에 부담을 느끼는 분들이 많습니다. 저 또한
처음에는 그랬습니다. 많은 분들을 만나면서 알게 된 사실은 생
각보다 많은 사람들이 '나는 글은 못 쓰는 사람이다.' '잘 못 쓰면
부끄러울 거다.'라는 생각을 한 번씩은 해봤다는 겁니다.

　누구나 익숙하지 않은 일을 시도할 땐 겁이 납니다. 작가인 스
티븐 킹도 이렇게 말했습니다.

　"가장 무서운 순간은 항상 시작하기 직전이다."

스스로에게 하는 말에는 수많은 프레임이 있고, 프레임을 어떻게 사용하느냐에 따라 생각과 행동이 극적으로 변할 수 있습니다. 사람들은 스스로에게 씌우는 프레임을 바꿀 수 있는 방법에 대해서 고민했고, 오직 강력한 동기와 습관만이 그것을 해결해 줄 수 있다는 결론에 이르게 되었습니다. 습관으로 프레임을 바꾼 분들을 많이 만나고 있기 때문에, 일단 글을 계속 쓰고는 싶은데 부담스러운 분들께 '21일 법칙'을 공유합니다.

21일 법칙은 새로운 습관이 몸에 배게 만드는 방법입니다. 이 방법은 미국의 성형외과 의사인 맥스웰 몰츠가 본인의 저서인 《성공의 법칙》에서 처음 주장한 내용입니다. 그는 사고로 사지를 잃거나 절단된 사람들이 잘린 팔과 다리에 심리적으로 적응하는 기간을 연구하다가 이 법칙을 알게 되었습니다. 그는 21일이 의심과 고정관념을 담당하는 대뇌피질과 두려움과 불안을 담당하는 대뇌변연계를 거쳐서, 습관을 관장하는 뇌간까지 가는 데 걸리는 최소한의 시간이라고 밝혔습니다. 그러나 이는 최소한의 시간이며 완벽한 습관으로 이어지기까지는 60일 정도가 걸린다고 합니다.

즉, 충분히 행동을 하다 보면 습관으로 이어지고, 최소한 21일간은 매일 단 한 문장이라도 좋으니 글을 쓰는 것이 내 안의 부담감을 이길 수 있다는 것이지요. 너무 많이 하려고 하지 않아도 됩니다. 일단 앉아서 쓰는 것이 익숙해질 때까지 딱 21일만 해보세

요. 그 이후에 시간을 늘려 10분, 15분씩 쓰다 보면 어느 순간 2~3
시간 동안 글을 써도 계속 글감이 이어지는 날이 옵니다. 그렇게
3달 정도를 하다 보면 하지 않는 게 더 괴로운 때가 올 겁니다.

한 줄만 쓰면 되니 잘 써야 한다는 생각을 가질 필요도 없습니
다. 괜찮습니다. 그렇다면 매일 어떤 것을 쓰면 좋을까요? 제가
21가지의 글감을 드릴게요. 다음의 21가지에 맞춰서 딱 21일간만
한 문장씩 써보기로 약속합시다.

**〈21일간 다음의 글감을 보고 떠오르는 생각이나 느낌이나 경험
을 딱 한 문장으로 적어봅시다.〉**

1	2	3	4	5	6	7	8	9	10	
날씨	꽃	책	태양	데이트	여행	바다	산	불	사계절	
11	12	13	14	15	16	17	18	19	20	21
컵	돈	칼	열정	강아지	가족	일기	아침	새벽	땅	무대

예시

1. 날씨 → 오늘 날씨는 퍽 따스하고 나른하다.
2. 꽃 → 벚꽃이 흐드러지게 핀 봄날은 거리마다 벚꽃 잎이 흩
   날리는 찰나와 꼭 닮았다.
3. 책 → 책의 페이지마다 감동적인 부분만 형광펜으로 칠했더
   니, 모든 페이지가 알록달록해졌다.

4. 태양 → 태양을 피하고 싶었어, 내가 바람 펴도 넌 바람피우
   지 마.

블로그 글은 최소 1,000자를 넘기는 것이 좋습니다. 21일 뒤엔
1,000자도 금방 쓸 수 있을 겁니다. 글 쓰는 것이 익숙해진 다음에
는 글감 찾기를 해야 합니다. 글감이란 글의 재료로. 어떤 것을 쓰
려고 하면 반드시 필요한 것이지요.

05

어떻게 하면
블로그가 예뻐 보일까요?

"블로그를 제대로 꾸미기 위해 돈을 들일 수도 있지만
괜찮은 디자인 템플릿을 제공하는 소프트웨어의 도움을
받으면 돈 들이지 않고 블로그를 꾸밀 수 있습니다."

사람은 시각적인 동물입니다. 시각적인 감각이 가장 많이 깨어
있고, 대부분의 정보를 눈으로 얻습니다. 그래서 보이는 것이 중
요합니다. 특히나 비주얼이 강조되는 요즘 세상에서는 '예쁘지 않
으면' 전문적으로 보이지 않는다는 문제가 있습니다. 대부분의 브
랜드가 거의 완벽에 가까운 비주얼을 구현해 내고 있기 때문에,
아무리 일반인이라고 하더라도 시각적인 부분을 신경 쓰지 않으
면 뒤처져 보이게 됩니다.

그래서 많은 분들이 블로그를 제대로 꾸미려고 합니다. 문제
는 블로그를 어떻게 꾸며야 할지 몰라 돈을 주고 맡긴다는 것입니

다. 일반적으로 '크몽'이라는 재능 판매 사이트에서는 평균 10만
~30만 원을 내면 서비스를 받을 수 있습니다. 하지만 수정해야 할
것이 생길 경우, 또 돈을 주고 수정해야 합니다. 블로그 디자인을
할 줄 몰라 블로그 이름이나 색상, 메뉴를 바꿀 때마다 일일이 돈
을 주고 맡기는 경우가 종종 있습니다.

물론 전문적으로 보이기 위해 돈을 주고 맡기는 것도 좋습니
다. 그래도 시간이 있다면 직접 해보는 것이 좋을 겁니다. 괜찮은
디자인 템플릿을 제공하는 소프트웨어도 많으니까요. 여기서는
대중적으로 사용하는 디자인 프로그램인 미리캔버스를 이용해서
블로그를 꾸며볼게요. 이 프로그램은 인터넷에 연결되어 있고,
회원가입만 한다면 무료로 사용이 가능합니다. 참고로 다음의 블
로그 대문 이미지는 미리캔버스에서 이미지를 만들어 블로그에
넣기까지 딱 5분이 걸렸습니다.

블로그를 꾸미는 건 전혀 어렵지 않습니다. 사람마다 편차는 있지만 처음에는 익숙하지 않아서 20분 정도 걸릴 거예요. 여유롭게 30분 정도를 내어 컴퓨터 앞에 앉아보세요. 따뜻한 커피나 차, 시원한 탄산음료와 간식과 함께 시작해 봅시다.

내 블로그>관리>꾸미기 설정>스킨 선택에 블로그 디자인 테마가 나옵니다. 마음에 드는 **템플릿**을 누른 후 **세부 디자인 변경**을 누르세요.

칸바나 미리캔버스에서 1920×600px로 디자인을 한 후 **블로그 관리>꾸미기 설정에서 타이틀>디자인>직접 등록**을 클릭하여 **타이틀>영역 높이**를 600으로 입력합니다. 그 아래의 **파일 등록**을 누른 뒤 디자인한 것을 넣고 **적용**을 누릅니다.

그러면 '현재 디자인을 적용하시겠습니까?'라는 문구가 나타납니다. **'내가 만든 스킨에 저장합니다'**를 체크하고 아무 이름이나 입력한 후 **적용**을 누릅니다.

06

블로그가 오래되지 않아
상위 노출이 안 되는 건가요?

"오래 전에 만든 계정이 아니어도 괜찮아요.
네이버는 이렇게 밝혔습니다.
'네이버 검색은 '검색 이용자가 만족할 수 있는 블로그'라면
검색 결과에 잘 노출되도록 검색 랭킹 알고리즘을 지속적으로
개선하고 발전시켜 나가고 있습니다.'라고."

"세상엔 수백만 가지의 방법들이 있지만, 원리는 단지 몇 가지일
뿐이다. 원리를 이해하는 사람은 자신만의 방법을 성공적으로 선
택할 수 있다. 원리를 무시하고 방법을 먼저 시도하는 사람은 반
드시 문제에 봉착한다." _헤링턴 에머슨(Harrington Emerson)

예전에는 공장에서 물건 찍어내듯이 포스팅을 업로드하는 사
람들이 많았습니다. 그렇게 업로드만 해도 상위 노출이 되던 때
였으니까요.

그 결과, 검색자들은 검색 결과에서 엄청나게 많은 광고를 만

나게 됩니다. 검색자와 네이버 입장에서는 대참사가 일어난 겁니다. 검색자 입장에선 원하는 검색 결과가 아닌 광고 혹은 관련 없는 문서들만 나오니까, 네이버 입장에선 검색자를 잡지 못하면 사용자를 모으기 힘들어지고 그렇게 되면 돈을 낼 광고주를 모실 수 없으니까요. 이런 상황에서 벗어나기 위해 진짜 창작자와 콘텐츠가 살아남을 수 있는 환경을 조성해야 했습니다. 그 '환경'이라는 건 지금 플랫폼들의 '알고리즘'이고요.

일단 알고리즘에 대해 살펴보겠습니다. 우리가 네이버의 모든 사정을 속속들이 알 순 없습니다. 구글만 해도 상위 노출 요소가 약 300개가 넘는다고 합니다. 2만 명이 넘는 구글 엔지니어들이 지금도 계속해서 검색 노출 알고리즘을 발전시키고 있고요. 공개적인 업데이트만 매년 100회 이상 합니다. 알고리즘은 어느 플랫폼에서든 끊임없이 변하고, 발전합니다. 네이버 또한 마찬가지고요.

네이버의 알고리즘은 늘 변화하기 때문에 최신 업데이트를 살펴볼 필요가 있습니다. 그러한 경우 네이버 검색 페이지에서 늘 발표를 하니 해당 블로그도 이 책과 함께 참고하세요.

네이버는 사람들이 찾고자 하는 결과물을 보여줘야 합니다. 2월에 이사하려는 사람이 '2월 이사 비용'라고 검색한다면 어떤 결과가 나와야 할까요? 오래전에 사람들이 많이 읽어본 문서가 나오면 안 되겠죠? 최근의 가격 변동을 잘 알 수 있도록 가급적 최신 포스팅에서 올해 2월의 이사 비용이 검색되는 것이 맞습니다.

출처: 네이버 검색 블로그

그렇기 때문에 블로그 포스팅은 검색자의 의도를 구분하여 노출됩니다. 포스팅의 순서가 매겨지는 것이지요. 그 순서는 C-Rank(씨랭크)라는 알고리즘으로 판단됩니다.

C-Rank는 블로그가 주제별 관심사의 집중도가 얼마나 되는지 (맥락), 생산되는 정보가 얼마나 전문적이고 품질이 좋은지(내용), 글을 본 사람들이 남기는 좋아요, 댓글, 공유, 그리고 블로그의 다른 글을 더 읽어보는 것 등의 소비/생산은 얼마나 일어나는지를

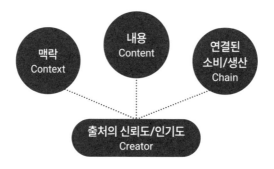

파악합니다. 이것을 바탕으로 해당 블로그가 얼마나 믿을 수 있고 인기가 있는지를 보는 거죠.

간혹 '유명한 크리에이터'가 쓴 글이 잘 노출되는 거 아니냐고 묻는 분들도 있습니다. 알고리즘에서는 마냥 인기 크리에이터여야만 노출되는 건 아닙니다.

유명 크리에이터의 글이 더 노출이 잘 된다고 가정해 볼까요? 아무리 유명한 사람이 쓴 포스팅이라고 해도 검색자가 원하는 결과가 아닐 수 있어요. 이런 이유로, 네이버에서는 모든 것을 종합적으로 고려해서 크리에이터의 인기는 검색 결과에 '매우 제한적인 영향만 미치도록 활용되어 왔다'고 밝혔습니다.

또한 네이버 검색 블로그에서는 C-Rank 알고리즘의 항목들을 평가합니다. 더 좋은 검색 결과를 위해서 알고리즘은 검색자의 의도에 맞게 계속 변화될 것입니다.

네이버는 특정 분야에 대해 전문적인 내용을 포스팅하는 블로

항목	설명
BLOG Collection	블로그 문서의 제목 및 본문, 이미지, 링크 등 문서를 구성하는 기본 정보를 참고해 문서의 기본 품질을 계산
네이버 DB	인물, 영화 정보 등 네이버에서 보유한 콘텐츠 DB를 연동해 출처 및 문서의 신뢰도를 계산
Search LOG	네이버 검색 이용자의 검색 로그 데이터를 이용해 문서 및 문서 출처의 인기도를 계산
Chain Score	웹문서, 사이트, 뉴스 등 다른 출처에서의 관심 정도를 이용해 신뢰도와 인기도를 계산
BLOG Activity	블로그 서비스에서의 활동 지표를 참고해 얼마나 활발한 활동이 있는 블로그인지를 계산
BLOG Editor 주제 점수	딥러닝 기술을 이용해 문서의 주제를 분류하고, 그 주제에 얼마나 집중하고 있는지 계산

* C-Rank에서 참고하는 항목들은 알고리즘 개선을 위해 계속 변경 적용됩니다.

그 VS 그렇지 않은 블로그(간단히 말하면 다방면의 주제에 대해 올리는 잡블로그)를 비교해 검색 이용자들로부터 선호된다는 통계에 근거하여 C-Rank 알고리즘을 발전시켜 왔습니다. 전문적인 것을 올리는 블로그라고 해서 항상 좋은 포스팅만 하는 건 아니고, 잡블로그라고 항상 잡다한 포스팅만 올리는 게 아니지요. 그러니 검색자들의 선호도를 더 따져보는 것입니다.

다만 C-Rank 알고리즘의 비율을 높이게 되면 블로그의 신뢰도에 따라 노출이 덜 되거나 더 되는 현상이 두드러져 보일 수 있습니다. 즉, 검색자가 원하는 콘텐츠를 만들기만 한다면 얼마든지 노출되는 블로그가 될 수 있다는 말입니다. 이렇게 되면 소소하게 글을 쓰는 게 기쁨인데, 이제는 그런 글을 쓰지 못하게 될까 봐 걱정될 수도 있습니다. 늘 전문적이고 완벽한 글을 써야만 전문성이 있는 문서로 분류될 것 같은 부담감에 더 그렇게 느낄 수 있고요.

네이버가 발표한 학습 데이터에 의하면, 많은 검색 사용자들은 대체로 본인이 실제 경험한 내용, 누구나 선호할 만한 상세한 정보, 특정 분야의 깊이 있는 의견 등을 좋아합니다. 따라서 실제로 경험한 일이나 나만의 의견과 견해를 깊이 있게 밝힐 수 있는 글이라면 소소한 글쓰기도 충분히 검색 결과에 노출될 수 있으며 더 나아가 내 블로그에도 도움이 되겠지요?

네이버 블로그는 검색 노출이 점점 어려워지는 블로그와 점점 유리해지는 블로그의 특징을 발표했습니다. 점점 노출이 어려워지는 블로그의 특징은 한마디로 '우리 또한 싫어하는 것'입니다. 반대로 노출에 유리해지는 블로그의 특징은 '트렌드를 따라가기보다 묵묵히 본인만의 콘텐츠를 생산하는 크리에이터'이고요. 다음은 그 예시입니다.

점점 노출이 어려워지는 블로그

- 단순 홍보글: 제대로 상품을 사용하지 않고 스치듯 사용한 후기
- 비체험 후기 위주의 글: 본인이 체험하지 않은 내용을 체험한 것처럼 올리는 경우. 이 경우에는 그동안 체험 후 쓴 다른 글들까지 오해를 받을 수 있습니다. 블로그에 불이익이 있을 수 있으니 홍보성 포스팅에는 꼭 '이 글은 제품을 제공받고 후기를 쓴 글입니다'와 같은 대가성 표기를 하세요.
- 불법의 경계를 넘나드는 글: 당연히 성인/불법 게시물을 포함

하여 법적으로 허용되지 않는 시술, 사행성을 조장하는 홍보, 확인되지 않은 내용을 사실처럼 쓴 찌라시나 가짜뉴스 등의 글

점점 노출에 유리해지는 블로그

- 나만의 기준으로 해석한 글: '진짜 분석이 들어간 글은 존중받아 마땅합니다.'라고 네이버는 말합니다. 이 글 또한 네이버 자체의 데이터와 분석에 따라 계속 판별되고 있습니다.
- 누가 봐도 전문적인 글: 긴 호흡으로 쓴 글로, 전문성과 깊이가 있어 꾸준히 대중에게 호응 받는 글
- 직접 체험하고 맛본 것을 상세히 쓴 글: 정보를 공유하는 선의의 목적을 가진 글
- 자신의 상품을 솔직하게 사용자 중심으로 홍보한 글: 네이버는 내 상품, 가게, 서비스는 본인이 가장 잘 알고 있기에 직접 소개하는 것이 가장 자연스럽다고 판단합니다. 내 상품을 솔직하게 사용자에게 소개하는 글을 권합니다.

* 출처: 네이버 검색 https://m.blog.naver.com/naver_search/221266339171

그러나 C-Rank 알고리즘만을 기반으로 검색 결과 환경을 유지하기에는 무리가 있습니다. 만약 훌륭한 포스팅인데, 블로그의 신뢰도가 아직 성립되지 않은 이제 막 시작한 블로그라면 어떨까요? 해당 포스팅이 비록 검색자들이 원하는 내용이라고 하더라도, 노

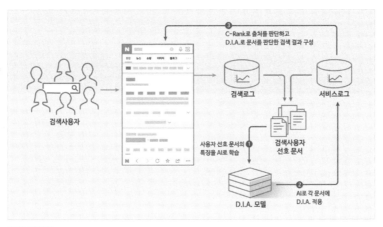

출처: 네이버

출이 되지 않으니 검색자들은 그 포스팅을 볼 수 없을 거예요.

네이버는 이와 같은 문제점을 개선하고자 새로운 알고리즘을 도입했습니다. 문서 자체의 경험과 정보성을 분석해서 검색 랭킹에 반영하는 D.I.A(다이아, Deep Intent Analysis) 로직입니다.

D.I.A.란 네이버 데이터를 기반으로 키워드별로 사용자들이 선호하는 문서에 대한 점수를 랭킹에 반영한 모델입니다. 문서의 주제 적합도, 경험 정보, 정보의 충실성, 문서의 의도, 상대적인 어뷰징 척도, 독창성, 적시성 등 여러 요인들을 반영했습니다.

이 로직을 통해서 검색자들이 원하는 좋은 후기, 정보가 많은 문서 등이 더 상위에 노출될 수 있습니다. 신뢰할 수 있는 문서라면 C-Rank와의 결합을 통해서 더 좋은 문서가 상위 랭킹이 되니

출처: 네이버

검색자 입장에서도 좋습니다.

다만, 네이버가 D.I.A. 모델이 적용된 결과를 통계적으로 분석한 결과, C-Rank가 높은 대부분의 블로그들은 대체로 D.I.A. 점수 또한 높은 문서를 생산하고 있었습니다.

최근에는 C-Rank와 D.I.A를 거쳐 D.I.A.+로직으로 업그레이드되었습니다. 이 알고리즘이 지향하는 바도 같습니다. 검색자의 만족도를 높이는 것입니다. 검색 의도에 맞는 문서를 내놓는 것을 가장 최우선으로 하고 있지요. 그래서 D.I.A.+에서는 '신뢰도가 높다고 판단된' 출처에서 '더 많은 정보를 포함하고 있는' 문서를 우선 노출할 수 있는 검색 피처(feature)들이 발굴되어 알고리즘에 활용되고 있습니다.

- 질의 의도 분류기: 의미 기반 클러스터링과 학습을 통해 질의 패턴을 분석합니다.
- 문서 패턴 분석기: 문서의 구조, 본문 텍스트, 이미지 정보 등으로부터 추출된 새로운 패턴 피처들을 D.I.A.+ 랭킹 로직에

D.I.A+ 시스템

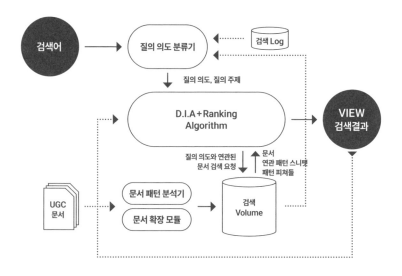

활용합니다.

- 문서 확장 모듈: 의미적으로 대체될 만한 단어를 문서에 추가하여 문서와 검색어의 매칭 확률을 높이고 검색 품질을 높이고 있습니다.
- D.I.A.+ 랭킹: 다양해진 패턴 피처들과 사용자 피드백을 통해 질의 의도에 적합한 문서인지 유동적으로 파악해 다채로운 검색 결과를 제공합니다.
- 피드백 반영 : 이러한 알고리즘은 계속 새로운 데이터를 반영해 학습되고 개선되고 있습니다.

새로운 스니펫을 제공하는 **D.I.A.+**

가격정보　　　　　　　　아이템추천

출처: 네이버

즉, '무엇을 찾는 질의인가 그 질의가 VIEW 검색에서 다루는 경험, 의견, 리뷰에 포함되는가'라는 사용자들의 질의 의도가 추가로 분석되는 것이지요. 일례로, VIEW 검색에는 정해진 가격이 없는 시가(예: 비행기표, 수산물, 핸드폰 수리 등)나 다양한 서비스 옵션에 따른 경험적 가격(예: 입주청소 비용, 이사업체 가격, 한 달 여행경비 등)을 포함한 정보를 찾는 다양한 사용자 질의 패턴이 많다고 합니다.

최근 적용되고 있는 D.I.A.+ 알고리즘에서는 추가로 분석된 질의 의도에 맞춰, 각 문서에서 해당 내용이 포함되어 있는지까지 판별해 기존 알고리즘를 업그레이드했습니다. 단순히 정보를 파악하는 것이 아니라 다양한 의도, 의도에 맞는 경험 등 까다로운 기준이 적용되는 것이지요.

네이버는 말합니다.

"검색 사용자에게 더 많은 도움이 되고, 본인만의 정보를 담은 글들을 작성할 것을 권해드립니다. 네이버 검색 결과에는 콘텐츠의 변화와 사용자들의 요구에 맞춰 크고 작은 변화들이 끊임없이 반영되고 있으며, 항상 상위 노출을 고정적으로 보장하는 출처 개념은 존재하지 않습니다."라고요.

이것이 '검색자들이 진짜 원하는 것은 무엇일까? 그들에게 어떤 것을 제공해 줄 수 있을까?'를 늘 고민해야 하는 이유입니다. 그래서 블로그는 키워드보다 검색자들의 의도에 맞는 콘텐츠가 훨씬 더 중요한 플랫폼입니다.

자, 그렇다면 내 블로그의 신뢰도가 절대적이진 않지만, 검색 결과에 어느 정도 중요한 영향을 미친다는 것을 알게 되었죠? 이

제 내 블로그의 신뢰도를 체크해 봅시다.

판다랭크에서 **인플루언서>블로그 진단**을 클릭합니다. **네이버 블로그 URL**을 입력하고 **분석**을 누릅니다. 하루 1회는 무료입니다. 내 블로그가 전체 블로그에서 몇 위인지, 블로그 포스팅 발행량이 다른 블로그에 비해서 어느 정도인지 나옵니다. 이 부분은 객관적으로 내가 어느 정도에 와있는지 판단하기 위한 지표로 참고만 하세요. 사람들이 오랫동안 읽는 양질의 글을 지속적으로 포스팅하면 내 계정의 지수는 계속해서 좋아질 것입니다.

07

좋은 콘텐츠를 만들고 싶은데, 글쓰기를 어떻게 시작하죠?

"글을 어떻게 시작할지 모르겠다면 평소에 꾸준히
글감부터 수집해 두세요. 네이버가 만든 AI인 클로바X를
이용하거나 평소의 생각들을 메모해 두면 적재적소에
써먹을 수 있습니다."

《끌리는 이야기는 어떻게 쓰는가》의 저자 리사 크론은 이렇게 말
했습니다.

"이야기 속 모든 요소들(이를테면 서브 플롯, 날씨, 배경, 심지어 어조
까지도)은 독자가 죽도록 알기 원하는 사실에 명확한 영향을 주어
야만 한다."

글을 쓸 때에는 내가 전달하고자 하는 메시지에 집중해서 써야
해요. 콘텐츠의 흐름에서 내가 전달하고자 하는 것과는 전혀 상
관이 없는 모든 것은 빼야 합니다. 그래야 블로그 방문자들이 집
중력을 잃어버리지 않고 알고 싶어 하는 바를 꼼꼼하게 훑어볼 수

있습니다.

그렇게 하기 위해서는 내가 가진 모든 재료를 다 꺼내놓기보다 전달하려는 바에 맞춰서 재료를 정리해야 합니다. 평소에 책, 뉴스 클립, 숏폼 등을 보며 떠오르는 생각들을 잘 모아두기도 해야 하고요.

이 책에 나온 많은 인용구들은 제가 책이나 칼럼을 읽으면서 수집해 둔 문장들이에요. 좋은 문장이다 싶으면 핸드폰 메모장에 입력하거나 카카오톡에서 나에게 메시지로 보냈습니다.

그러나 이것을 습관으로 만들기 전에는 글감을 어디서 어떻게 모아야 할지 굉장히 막막할 거예요. 이때는 네이버가 만든 AI인 클로바X를 이용해 보세요. 어떤 글을 쓸 것인지 질문을 던지면 잘 대답해 줄 거예요. AI의 대답에 더 많은 아이디어를 추가해서 다듬으면 나만의 글이 만들어질 거예요.

그렇다고 모든 글에 클로바X를 사용하기보다 글감이 부족할 때 사용할 것을 추천합니다. 클로바X는 대략적인 글감을 모으기 위한 보조 도구 정도로 활용하세요. AI가 말하는 것이 전부 맞지도 않을 뿐더러 AI에 의존하다 보면 나만의 글쓰기 스타일을 만들기가 어려워지거든요. 또 어떤 주제에 대한 나만의 색다른 시각은 오로지 좋은 인풋과 쓰기 경험에서 나올 수 있습니다. 계속해서 사고 훈련을 위한 인풋과 아웃풋 없이 AI에 의존해서는, 네이버가 말하는 '좋은 콘텐츠'를 쓰기 어렵습니다.

AI에게 질문할 때에는 다음과 같은 방식으로 하세요. 모두 글감의 흐름이나 비교 분석을 하기 좋은 아이디어를 얻기 위한 질문입니다.

~하려는 사람들을 위한 ~블로그 포스팅을 작성하려고 해. 어떤 흐름으로 포스팅을 하면 좋을지 알려줘.

~하는 사람들을 위해 ~블로그 포스팅을 작성하려고 해. ~하는 사람들은 지금 어떤 어려움이나 고충이 있을지 예시를 들어서 알려줘.

~정보에 대해서 블로그 글을 쓰려고 해. 내가 쓰려고 하는 정보 외에도 다른 정보가 있다면 더 알려줘.

~A, B, C 정보에 대해서 블로그 글을 쓰려고 해. A, B, C의 장단점/다른 점을 비교해서 표로 보여줘.

지금부터 클로바X 사용법에 대해 알아보겠습니다. 클로바X에 로그인을 한 후 쓰려고 하는 글에 대해 개괄적으로 알려주세요. 저는 이미 써둔 짧은 글을 주었습니다. 요구를 명확하게 해야 좋은 대답을 들을 수 있습니다.

1. 이 글이 네이버 포스팅이라는 것을 알림
2. 더 추가될 글감이 있는지 물어보기
3. 누구를 위한 글인지, 어떤 글인지 알려주기(혹은 글 첨부)

아래의 글은 포스팅 초안이야. 글감이 더 추가될 것이 있으면 알려줘.
뉴스레터를 하고 싶은 사람들이 가볍고 재미있게 들을 수 있는 라이브 강의 모집을 위한 글이야. 내 시행착오를 엮어서 보여줄거야.

글:
😊 뉴스레터 어떻게 하세요?
그간 뉴스레터를 어떻게 운영하는지에 대한 질문과 강의 요청을 꾸준히 받아왔어요.
그런데 막상 오픈하려니 자신이 없더라고요. 정답이 없거든요…ㅎㅎ
뭔가 강의를 한다고 하면 정답을 꼭 이야기해드려야 할 것 같은데.
진짜 아무리 생각해도 정답이란게 어디있나 싶은거에요.😊

사람의 마음은 여러 갈래기 때문에 100% 예측을 할 수 없고 다 맞출 수 있는 사람도 없잖아요.
그래서 제 마음 가는대로 운영을 했다는게 가장 정확하고,
그 와중에 '이게 더 나을까, 저게 더 나을까, 어떻게 하면 디노님들과 더 이야기를 할 수 있을까?'라는
고민을 많이 했다는것만 확실했어요.

그럼에도 불구하고 이 비하인드 스토리와 제가 가진 작은 운영법들로
꽤 많은 분들이 톡톡 효과를 보고 계신다는 것을 전해듣곤 해요.
진짜 기쁘더라고요. '오, 이게 다른 분들께도 먹히네(???)' 싶은 것들도 새롭게 발견 하고요.
예상 밖의 것도 많았고, 흥미로운 것들도 꽤 있었어요.

클로바 X에게 질문을 했습니다.

추가할 글감

- 뉴스레터를 시작하게 된 계기
- 뉴스레터를 운영하며 어려웠던 점과 극복 방법
- 뉴스레터를 통해 얻은 성과와 성장 경험
- 이번 라이브 강의에서 다룰 내용
- 라이브 강의 참가자들에게 제공할 혜택
- 라이브 강의 신청 방법 및 주의사항

위의 글감을 추가하여 포스팅을 작성하면, 뉴스레터에 관심 있는 사람들에게 더욱 풍부한 정보를 제공할 수 있을 것입니다.

다른 답변 보기 ↻

질문에 대한 클로바X의 답변입니다.

추가할 글감이 좀 더 논리적이어서 좋았습니다. 기존 글은 다음과 같았습니다.

😊 **뉴스레터 어떻게 하세요?**

그간 뉴스레터를 어떻게 운영하는지에 대한 질문과 강의 요청을 꾸준히 받아왔어요.
그런데 막상 오픈하려니 자신이 없더라고요. 정답이 없거든요...ㅎㅎ

뭔가 강의를 한다고 하면 정답을 꼭 이야기해드려야 할 것 같은데.
진짜 아무리 생각해도 정답이란게 어디있나 싶은거에요.😊

사람의 마음은 여러 갈래기 때문에 100% 예측을 할 수 없고 다 맞출 수 있는 사람도 없잖아요.
그래서 제 마음 가는대로 운영을 했다는게 가장 정확하고,
그 와중에 '이게 더 나을까, 저게 더 나을까, 어떻게 하면 디노님들과 더 이야기를 할 수 있을까?' 라는
고민을 많이 했다는것만 확실했어요.

그럼에도 불구하고 이 비하인드 스토리와 제가 가진 작은 운영법들로
꽤 많은 분들이 톡톡 효과를 보고 계신다는 것을 전해듣곤 해요.
진짜 기쁘더라고요. '오, 이게 다른 분들께도 먹히네(???)' 싶은 것들도 새롭게 발견 하고요.
예상 밖의 것도 많았고, 흥미로운 것들도 꽤 있었어요.

기쁜 마음에 언젠가 이런 것들만 모아서 보따리 풀듯이 풀어봐야지라고 생각만 했는데,
본격 휴가 시즌이 시작하기 전에 라이브를 오픈해보려고 해요.
뉴스레터를 운영해보고 싶거나 그러한 디노님들의 니즈가 궁금한 디노님들께 도움이 될거에요😊
참, 기본 운영 툴과 사용 법도 간단히 다뤄요!

기존의 글에서 클로바X가 말한 글감 '뉴스레터를 시작하게 된 계기'를 넣어볼게요.

> **■ 뉴스레터를 시작하게 된 이유**
>
> 예전 야후를 기억하시는 분들이 계실까요? 야후 코리아가 망해서 우리 나라에서 나갈 때,
> 제가 6년간 운영해왔던 블로그가 삭제되는 것을 보고 놀랐습니다. 그 때 알았죠.
> '플랫폼이 망하면 내 콘텐츠도 다 날아가는구나. 내 시간, 내 추억, 내 에너지... 어우'
> 시간이 흘러 2년 전, 이메일 마케팅을 접하게 되었을 때
> 돈만 내면 유지가 되는 플랫폼의 가능성에 매력을 느꼈습니다. 그래서 시작하게 되었어요.
>
> 지금은 제 콘텐츠를 모아둘 수 있는 장소가 됐을 뿐만 아니라
> 구독자 분들과 소통을 하는 창구이자 정기적인 매출을 내주는 고마운 툴로 자리잡았습니다.
>
> **■ 어떻게 운영할까?**
>
> 그간 뉴스레터를 어떻게 운영하는지에 대한 질문과 강의 요청을 꾸준히 받아왔어요.
> 그런데 막상 오픈하려니 자신이 없더라고요. 정답이 없거든요...ㅎㅎ
>
> 뭔가 강의를 한다고 하면 정답을 꼭 이야기해드려야 할 것 같은데.
> 진짜 아무리 생각해도 정답이란게 어디있나 싶은거에요.🤔

뉴스레터를 시작하게 된 이유로 소제목을 바꾸고, 해당 내용을 더 채워 넣었습니다. 좀 더 글이 명확해진 것이 보이시죠?

같은 맥락으로 클로바X가 말한 뉴스레터를 통해 얻은 성과와 성장 경험에 대해 덧붙였습니다. 글이 가고자 하는 방향도 뚜렷하고, 말하고자 하는 것이 얼마나 가치가 있는지 피력하기 더 좋아졌습니다.

이렇게 간단하게 쓴 글을 클로바X를 통해 좀 더 자세하게 수정할 수 있습니다. 처음부터 내가 쓰려고 하는 주제의 글을 쓰고, 글에 어떤 내용을 더 넣으면 좋을지 물어봐도 좋습니다. 저는 이 내

그래서 제 마음 가는대로 운영을 했다는게 가장 정확하고.
그 와중에 '이게 더 나을까, 저게 더 나을까, 어떻게 하면 디노님들과 더 이야기를 할 수 있을까?' 라는
고민을 많이 했다는것만 확실했어요.

특히 아래의 것들을 많이 고민하고, 시도해왔는데요.

1. 나만의 브랜드 어조 만들기(이것 저것을 넣고 빼보면서 좀 더 라이트하고, 유쾌하고, 스토리텔링적 요소를 가미하는 지금의 어조가 탄생하게 되었어요. 2년 정도 걸렸습니다!)
2. 디자인 톤앤매너 유지하기(그래픽 제작부터 톤앤매너를 유지하면서 다른 요소들을 추가하는 것은 여러가지를 바꿔가면서 지금처럼 자리잡게 되었습니다.)
3. 오픈율 / 클릭율 늘리기
4. 디노님들 응답률 높이기(설문조사 응답률)
5. 구매 전환율 및 매출 높이기 (지금도 실험중입니다. 오픈율 대비 구매 전환율을 높이기 위해서 여러가지를 시도하면서 먹히는 것과 먹히지 않는 것이 좀 더 명확해지고 있는 상태에요.)

그럼에도 불구하고 이 비하인드 스토리와 제가 가진 작은 운영법들로
꽤 많은 분들이 톡톡이 효과를 보고 계신다는 것을 전해듣곤 해요.
진짜 기쁘더라고요. '오. 이게 다른 분들께도 먹히네(????)' 싶은 것들도 새롭게 발견 하고요.
예상 밖의 것도 많았고, 흥미로운 것들도 꽤 있었어요.

용에서 벗어나서 제 생각을 좀 더 넣고 싶었습니다. 그래서 글부터 써놓고 글감을 더 달라고 요청하는 편입니다. 여러분도 일단 써보세요. 초보일 때는 글감부터 달라고 해도 좋지만, 어느 정도 글을 쓰는 것이 익숙해진 다음에는 자연스럽게 '의견'을 더하면 됩니다.

08

AI가 쓴 내용을 그대로
복사하거나 붙여 넣어도 될까요?

"결론부터 말씀드리자면, 안 됩니다.
AI가 쓴 내용을 그대로 블로그에 올릴 수 없습니다."

네이버가 AI에 대한 정책을 공식적으로 내놓았습니다. 생성형 AI 환경에서 창작자들의 주의를 부탁한다고, 생성형 AI로 저품질 문서를 양산할 경우 검색에는 해당 문서가 노출되지 않을 수 있다고요. 저품질 문서의 기준은 기존과 같아요. 저품질 문서는 네이버에서 고도화하고 있는 여러 알고리즘을 통해 지속적으로 탐지되고 있고, 검색에 노출되지 않을 수 있습니다.

생성형 AI를 문서 작성에 활용하는 것은 좋습니다만, 오남용으로 인해 AI가 만든 창작물이 저품질 문서로 분류되는 경우를 주의해야 합니다. 다만, 좋은 문서는 문서 생성 방식과 관계없이 검색 노출이 가능합니다. 여기서 '좋은 문서'는 검색 로직이 아닌, 독자에게 도움이 되는 정보를 잘 전달하는 것을 우선으로 생각하며 작성한 독자 중심의 콘텐츠입니다. 최근에 생성형 AI로만 문서를 자동화한 스팸·어뷰징(abusing: 남용, 악용, 학대, 욕설 등을 뜻하는 영어 단어 Abuse에서 파생된 단어) 문서들이 꾸준히 생산되고 있기에, 네이버는 저품질 문서와 좋은 문서의 구분 기준을 공개했습니다.

어뷰징 행위 예시
- 타 문서를 단순 복사하거나 검색 노출을 위해 유사한 키워드를 반복적으로 사용하는 행위
- 생성형 AI로 문맥이 이어지지 않는 가독성이 낮은 콘텐츠를 반복적으로 생성하는 행위
- 동일/유사한 콘텐츠를 생성형 AI를 통해 대량으로 만들어내는 행위
- 뉴스, 웹사이트, 블로그 등 다른 사람의 콘텐츠를 복사 및 짜깁기하여 대량의 콘텐츠를 생성형 AI로 자동화하여 만들어내는 행위

좋은 문서의 특성
- 신뢰성 있는 정보: 신뢰할 수 있는 정보를 기반으로 작성
- 솔직한 경험: 상품/서비스/장소 등에 대해 본인이 직접 경험

하고 솔직하게 작성
- 독창적 정보: 다른 문서를 복사하거나 짜깁기하지 않고, 독자적 정보로서 가치 보유
- 심층적 구성: 해당 주제에 대해 도움이 될 만한 충분한 길이의 정보와 분석 내용 포함
- 좋은 가독성: 글을 읽는 사용자가 쉽게 읽고 이해할 수 있게 작성

좋은 정보를 담은 포스팅을 AI로 변환한 다음 자신의 블로그에 올리는 사람들이 있습니다. 부업을 위한 계정을 따로 만들어서 이런 행동을 하는 사람들도 있고요. 심지어 이것으로 강의를 하는 사람도 있습니다. 엄밀히 말하면 이는 원창작자를 무시하고, 그들의 재산을 빼앗는 것과 같습니다.

어뷰징을 비롯한 누락 이슈 때문에라도 내 블로그에는 악영향이니 이러한 행위는 하지 마세요. 더군다나 더불어 가야 하는 크리에이터의 생태계를, 이 책을 읽고 있는 여러분만이라도 잘 가꾸어 나가야 합니다. 콘텐츠를 창작하는 행위는 계속 내 에너지를 갈아 넣어야 하는 장기전입니다. 나의 창작물이 미래에도 계속 돋보이고 스스로에게 떳떳할 수 있도록 만들어둬야 합니다.

09

다른 데서 다운로드한 사진을 넣어도 될까요?

"사진의 저작권부터 확인하세요.
저작권 무료 사이트에서 저작권이 없는 사진 위주로 캡처해서
업로드하는 걸 추천합니다.
화면을 공유해야 할 경우에는 휴대폰 화면을 찍은 사진이나
스크린샷을 캡처한 후 가공한 사진을 사용하세요."

내가 찍은 사진이 아니거나 가공하지 않은 이미지를 블로그에 업로드하는 경우에는 다른 곳에도 돌아다니는 '유사 이미지'로 분류될 수 있습니다. 이렇게 되면 다른 곳에서 돌아다니는 이미지를 가져온 것이니, 잘못하면 광고글로 분류될 수 있어요. 이런 위험을 없애기 위해 되도록이면 사진은 직접 찍는 것이 좋습니다.

네이버는 창작자의 개인적인 경험이 묻은 고품질 문서를 좋아합니다. 그러니 사진 또한 직접 찍은 것을 활용하는 것이 가장 좋겠지요? 블로그에 올릴 사진은 구도나 색감이 완벽하지 않아도 되고 선명하기만 하면 됩니다. 직접 찍은 사진이 없다면, 다음의

네 가지 방법 중에서 선택하세요.

1. 저작권 무료 사이트에서 이미지 다운로드하기

저작권 무료 사이트에는 언스플래시(Unsplash), 픽사베이 (Pixabay), 픽셀스(Pixels) 등이 있습니다. 일부 이미지는 유료로 제 공되니 무료인지 잘 확인한 후 다운로드하세요.

2. 휴대폰이나 모니터 화면을 사진으로 찍기

다음과 같이 내가 활용해야 하는 이미지를 띄운 휴대폰이나 모 니터 화면을 사진으로 찍어서 올립니다. 이렇게 하면 유사 이미 지로 분류되어 누락될 위험이 줄어듭니다.

3. AI로 원하는 이미지 만들기

표현하고자 하는 내용에 맞는 이미지가 없는 경우나 사용하고 싶은 사진이 있는데 저작권이나 유사 이미지 때문에 걱정되는 경 우에 사용하는 방법입니다. 강력한 기능을 자랑하지만 쉽다고 소 문난 툴 클립드롭(https://clipdrop.co)에 원하는 사진을 넣으면 1분 안에 비슷한 사진을 만들어줍니다.

4. 칸바 툴 이용하기

최후의 보루라고 할 수 있는 방법입니다. 칸바 툴에서 활용하고자 하는 스크린 샷을 한 번 더 꾸며서 다른 사진처럼 넣습니다. 칸바는 우리나라에서 많이 쓰는 미리캔버스의 글로벌 버전이라고 할 수 있습니다. 앞에서 블로그 디자인을 할 때 썼던 툴로, 시간이 조금 걸리지만 나름 활용할 만합니다.

블로그 글쓰기 화면에서 블로그 대표 이미지로 만들고 싶은 이미지를 클릭합니다. 그러면 이미지 왼쪽 상단에 **대표**라는 회색 박스가 나타납니다. 이 박스를 클릭하면 자동으로 대표 사진이 바뀝니다.

네이버가 싫어하는 이미지

1. 불법, 유해 이미지

유해 이미지를 판별하는 네이버의 'Skin Core'라는 시스템이 사람의 이미지에 신체 일부나 전체가 포함되어 있는지 아닌지를 판별하고 노출된 정도에 따라 점수로 환산합니다. 유해 이미지로 추출된 이미지는 노출이 되지 않고, 심하면 블로그 전체의 게시물이 검색되지 않습니다.

2. 너무 작은 이미지

네이버 블로그에서는 40×40픽셀 이상의 이미지를 사용해야 섬네일로 노출됩니다. 이미지 검색에서는 크고 선명한 이미지를

상위에 노출합니다. 그러니 이미지를 올린다면 40×40픽셀보다
1028×1028픽셀이 훨씬 검색이 잘 되겠죠?

　3. 가로세로 비율이 맞지 않은 이미지

　가로가 세로에 비해 너무 길거나. 세로가 가로에 비해 너무 길
다면 검색 결과에 섬네일로 제공되지 않습니다.

　4. 반복되는 이미지

　홍보성 문구를 넣은 이미지나 똑같은 캡션을 넣은 이미지를 포
스트와 상관없이 반복해서 넣어도 좋지 않습니다. 포스트와 무관

한 문구가 있는 이미지를 반복해서 넣는 블로그는 신뢰도 측면에서 좋은 점수를 받기 어렵겠죠?

10

상위 노출된 키워드로 쓴 다른 글도
상위 노출이 될 수 있을까요?

**"이미 상위 노출된 키워드를 넣은 다른 글은
상위 노출된 글 아래에 작게 나타납니다.
이미 상위 노출된 키워드는 건드리지 말고,
다른 키워드를 노리세요."**

블로그 글이 상위 노출이 되면 이런 걱정을 하게 됩니다. 상위 노출된 글이 1페이지에서 밀려서 2페이지, 3페이지로 가지 않을까? 그래서 이미 상위 노출된 키워드를 넣은 또 다른 글을 쓰기도 하는데요, 내가 쓴 글의 순위가 뒤로 밀리는 건 자연스러운 현상입니다.

질문자의 의도에 따라 '최근에 올라온 콘텐츠'가 중요한 검색 결과들이 있습니다. 이사철이 되면 이삿짐센터나 이사 가격 등을 비교하고 싶어 하는 사람들이 많고, 휴가철이 되면 여행 경비를 알고 싶어 하는 사람들이 많잖아요. 그래서 네이버 검색은 시기

별 화제성과 이슈에 맞는 콘텐츠들을 상위에 나타냅니다. 자연스러운 현상이지요.

아무리 상위 노출된 키워드라고 해도 새로 등록된 콘텐츠를 이기지 못합니다. 또 다양한 이유로 검색자의 의도에 맞는 콘텐츠를 내보내려는 네이버의 의도에 따라, 내 글이 오랫동안 1페이지에 머무를 수도 있고 아닐 수도 있습니다. 누구도 정확히 예측하기 힘듭니다.

그래서 이미 1페이지에 내 글이 나와 있는데도 같은 키워드로 글을 쓰는 것은 비효율적입니다. 차라리 다른 화제나 키워드로 글을 쓰는 게 훨씬 효율적입니다.

왜냐하면 이미 상위 노출된 키워드를 넣은 글은 다음과 같이 상위 노출된 글 아래에 '꼬리 물기'를 하게 됩니다. 내 글이 여러 번 뜨는 게 아니라는 말입니다. 또한 네이버는 '하나의 주제에 대해 빨리 검색 결과 상위에 노출되고 싶어서 글을 반복적으로 쓰는 것은 좋지 않은 습관이다'라고 언급한 바 있습니다. 어뷰징으로 판단될 확률이 높습니다.

이렇게 노출된 글들은 두고, 관련된 다른 키워드들을 하나씩 점유해 나가는 게 훨씬 낫습니다. 사람들이 한 달에 5,000명 이하로 찾아보는 작은 규모의 키워드라도 괜찮습니다. 이러한 키워드들은 검색량이 적더라도 좀 더 비빌 만한 키워드니까요. 경쟁률이 적을 땐 좀 더 상위 노출을 노려볼 수 있습니다. 이런 키워드들

네이버 검색 화면

로 상위 노출을 조금씩 하기 시작하면 방문자 수가 기하급수적으로 늘어납니다. '티끌 모아 태산'이 블로그에도 적용된답니다.

그러니 이미 상위 노출된 글은 캡처해서 잘 모아두고, 다른 키워드를 점유하러 갑시다. 사냥꾼처럼요!

🔵 캐나다 역행자 세라지니 · 2023.12.20.

온라인 빌딩짓기 어디서부터 시작 하나, 글쓰기 습관 기르기 **아나의 디노**

이번 달 글쓰기 습관들이려고 **아나의 디노** 채연 님과 글습 최정예 동기 지혜님 미리님
과 함께 매주 한편씩 글을 쓰고 있었거든요. 솔직히 처음에는 매주 한편 글쓰기 과제
가... 그때 제가 만난 것이 **아나의 디노** 채연 님의 글쓰기 습관, 바로 글습 모임이었어...

AI 아임웹 강의 컨텐츠 크리에이터 추천 캐나다 영어 chatgpt 온라인 웹사이트 자동화 **아나의 디노** 부업
SNS수익화마스터클래스 책 후기

🔵 아나의디노 인플루언서 · 2022.09.18.

가장 빠른 SNS 수익화 방법, 오픈 카톡방 만들기 | **아나의디노**

아나의디노 <온라인 모임 수익화> 프로그램에 참여해주신 한 분의 이야기를 들려드
릴게요. 이 분은 브랜딩 된 계정이나 팔로워가 있는 계정이 아예 없는 0부터 시작을 하
셨고, '인생을... '아나는 이걸 혼자 다 어떻게 하는거야?' 참 많은 분들이 이렇게 물...

아나의디노 | 아나의 여행을 소개합니다.

매일 글쓰기 습관으로 방문자 늘리고, 습관 만들 분

🔵 나다운 성장을 돕는 그레이숲풀, 박혜림 강사 · 2022.08.18.

[후기] **아나의디노** 전자책, 1년 안에 홀로서기

성료 된 '하찮은 성취감' 챌린지를 무사히 기획/운영할 수 있게 한 **아나의디노** 온라인
모임 챌린지가 끝난 후 전자책을 통해 아나님을 또 알아갔다. 정확히는 아나님이 퇴사
후 홀로서기를 하는 과정에서 터득한 노하우들을 담은 전자책을 엿보면서 아나님의 ...

[후기] **아나의디노** 온라인모임 챌린지

[6월3주] 세 가지의 새로운 시도가 있었던 한 주

네이버 검색 화면

3

블로그 생태계
이해하기

01

블로그 포스팅을 할 때
가장 중요한 게 뭔가요?

**"검색하는 사람이 어떤 것을, 왜 검색하는지
생각하는 게 가장 중요합니다."**

A는 반려견 블로그를 운영하고 있습니다. 강아지 유치원을 소개하는 글을 쓰기 위해 '강아지 유치원'이라는 키워드로 검색해 보니 월 검색량이 1만 7,380회로 경쟁률이 높지 않았습니다(난이도 낮음으로 표시됨). 또 블로그 일 방문자가 100명이 넘어 이 키워드를 사용해도 좋겠다 싶었습니다.

그래서 A는 '경기도 시흥시 강아지 유치원 보낸 한 달 후기'라는 제목으로 리뷰 글을 썼습니다. 이 글은 어떤 사람들이 볼까요? 아마 시흥에서 강아지 유치원을 찾는 사람들이 찾아볼 거예요. 이렇게 리뷰 글을 쓰기 전에 키워드를 찾아보면서 어떤 사람들이

키워드 '강아지 유치원' 검색량

내 글을 볼지 생각해 봐야 합니다. 강아지 유치원을 찾아보는 사람들의 입장을 한 번 더 생각해 볼까요?

누군가는 강아지 유치원 창업비용을, 누군가는 서울시 마포구에 있는 강아지 유치원을 찾을 거예요. 어떤 사람은 동네의 강아지 유치원 가격대를 비교해 볼 것이고, 어떤 사람은 가격대 상관없이 가까운 곳을 찾아볼 거예요. 이 외에도 강아지 유치원의 장단점은 무엇인지, 사고는 일어나지 않는지, 강아지 유치원에 취업하려면 어떻게 해야 하는지 등 강아지 유치원이라는 키워드에는 수많은 검색자들의 의도와 관심이 혼재되어 있습니다.

모든 검색자들이 A가 쓴 '경기도 시흥시 강아지 유치원 보낸 한달 후기' 글을 클릭하진 않을 거예요. 강아지 유치원 창업비용이 궁금한 사람에게는 창업비용이 담긴 글이 검색될 확률이 높고, 지

역의 강아지 유치원을 찾는 사람에게는 그 일대의 강아지 유치원들이 검색될 거예요.

또한 '강아지 유치원'이 아닌 '애견 유치원'으로 검색하는 사람들도 있습니다. 이럴 때는 '강아지 유치원'과 '애견 유치원' 키워드를 같이 써주는 것이 좋습니다. '유치원'이라는 키워드가 겹치니 제목에 '강아지 애견 유치원'이라는 키워드를 넣는 것도 좋아요. 같은 내용을 찾는 사람들이지만 검색하는 단어가 다를 수 있다는 것을 인지하고 사용할 법한 단어들을 같이 써준다면, 포스팅 하나를 올리더라도 더 많은 방문자들이 찾아올 수 있겠죠?

이렇게 같은 키워드를 사용해도 검색의 의도는 모두가 다릅니다. 그러니 키워드로 포스팅을 할 때는 검색자의 의도를 생각하면서 써야 합니다. 더 뾰족하게, 검색자들이 원하는 것을 내놓고 싶어 하는 게 네이버니까요. 뾰족한 글을 쓰기 위해 미리 다듬는 작업을 하는 거죠. 이렇게 검색자가 어떤 키워드를, 어떤 상황에서, 어떤 정보를 원할지 간단하게나마 파악하는 것이 얼마나 중요한지 알겠죠?

'국립중앙도서관'이라는 키워드를 검색하는 사람들은 어떤 것을 찾을까요? 도서관에서 진행 중인 프로그램, 사서 교육, 열람실 및 사용법, 도서관 근처 식당 혹은 구내식당 등 다양한 정보를 검색합니다.

이렇듯 사람들이 원하는 내용은 다양합니다. 도서관을 개괄적으로 소개하는 포스팅을 작성할 수도 있지만 검색자가 얻고자 하는 정보가 제목에 명확하게 드러나지 않는다면, 검색자는 그 포스팅을 피해 갈 확률이 높습니다. 검색자는 도서관에서 진행 중인 프로그램을 알고 싶은데, 도서관 채용에 관한 포스팅이 보인다면 그 포스팅은 지나갈 확률이 높겠지요. 물론 네이버에서 검색자의 의도를 파악하여 도서관에서 진행 중인 프로그램을 원하는 사람에게 채용에 관한 포스팅을 노출하진 않을 거예요. 그러니 우리는 검색자의 의도에 맞는 방향성을 세우고, 그 방향성에 맞는 포스팅을 하는 것이 중요합니다.

'식물 키우기'를 검색하는 사람들은 어떤 것을 찾을까요?

어떤 사람은 식물을 통해 사람이 얻을 수 있는 정서적인 효과가 궁금해서, 어떤 사람은 집에서 키우기 쉬운 식물의 이름이 생각나지 않아 '식물 키우기'를 입력했을 거예요. 이러한 의도를 먼저 파악하고 그 의도에 맞는 글을 써나가는 게 중요합니다. 먼저 유추해 보는 겁니다. 포괄적인 정보보다 검색자가 원하는 뾰족한 정보를 내놓는 것을 연습하는 거예요. 또한 네이버 검색 블로그에서 언급된 대로 '검색 이용자의 입장에서 유용한 정보를 쓸수록 C-Rank가 높아진다'고 하니, 콘텐츠를 잘 만들면 결국 검색 결과에 잘 나타나겠죠?

이뿐만이 아닙니다. 검색자, 즉 독자의 마음을 들여다보려고 노력하다 보면 어떤 포스팅을 해야 할지 망설이는 일이 확연히 줄 어들게 됩니다. 물론 독자의 마음을 예측하기 어렵습니다. 그래 서 스스로를 '독자'라고 생각하고 독자 입장에서 원하는 분야를 선 정해 보는 게 중요합니다.

예컨대, 내가 다이어트에 대해 잘 아는 여성이라면 다이어트를 하고 싶어 하는 여성 독자가 찾아볼 법한 글을 발행하는 거예요. 내가 철학책을 많이 읽는 50대 여자라면, 철학책에 관심을 갖게 된 계기부터 들여다보는 거예요. 아이를 키우면서 얻은 생각들, 아이가 커버린 후 느낀 공허함을 달래주던 철학책 등 과거의 구체 적인 정황들을 떠올려보면 다음과 같은 글을 쓸 수 있을 거예요.

육아는 나를 키우는 과정이다
아이에게서 나를 발견하게 된 순간들
초보 엄마에게 주고 싶은 선배 엄마의 팁
나는 50대가 되어서야 비로소 나답게 살게 되었다

이렇게 내가 했던 경험들을 비슷하게 겪고 있을 사람들을 구 체적으로 떠올려보세요. 그들은 어떤 생각을 하고 어떤 콘텐츠를 찾아볼까요? 과거의 내가 독자가 될 수 있습니다. 모든 답은 내 안 에 있는 거죠. 어때요, 어렵지 않죠?

02

열심히 하는데
좀처럼 블로그가 크지 않는데요?

"키워드에 신경을 쓰고, 태그는 꼭 붙이세요.
전문적인 내용을 다루는 블로그라면, 전문적인 포스트 위주로
써야 합니다."

보통 블로그 성장이 더디다고 한다면 키워드 문제일 가능성이 제일 큽니다. 우리는 먼저 검색자의 의도를 파악하고 그에 맞는 포스팅으로 다시 만들 필요가 있습니다. 실제 사례들을 살펴보겠습니다.

제로웨이스트를 실천하는 블로거가 있었습니다. 그분은 그날 사용한 제로웨이스트 상품에 대해 일기처럼 쓴 글만 올렸습니다. 약간만 관점을 바꾸면 아주 전문적인 포스팅이 될 수 있는데, 본인은 모르고 있었어요.

비오는 날 지하철이나 버스를 타면 우산에서 떨어진 물기가 홍

키워드 '우산 케이스'의 검색량, 블로그 글 월 발행량, 난이도, 상위 노출 유지 기간(24년 4월 28일 기준)

키워드 '퍼실 세제'의 검색량, 블로그 글 월 발행량, 난이도, 상위 노출 유지 기간(24년 4월 28일 기준)

건하잖아요. 이때 재활용 우산 가방을 사용하면 문제를 해결할 수 있어요. 세탁 세제가 담긴 플라스틱 용기를 문 앞에 놔두면, 세제만 리필하고 가는 서비스도 있어요. 이런 내용을 일상글에 가볍게 언급하면 일기에 지나지 않습니다. 이런 글을 어떻게 노출되는 글로 써볼 수 있을지 생각해 봅시다.

제로웨이스트 제품이나 서비스 위주로 리뷰 글을 올린다면 정보성 글이 됩니다. 단, 리뷰 글을 올리기 전에 키워드부터 찾아야 합니다. 우산 케이스, 제로웨이스트 우산꽂이, 퍼실 세제, 세제 리필 서비스 등의 키워드를 찾아보고 제목에 그 키워드를 넣어서 쓰는 겁니다. '우산 케이스' 키워드 같은 경우는 장마철에 업로드하면 많은 방문자 유입을 기대할 수 있겠죠?

기존 제목이 '제로웨이스트 실천 일상'이었다면, 여기서 나온 제품과 서비스로 '비오는 날 필수품 제로웨이스트 우산 케이스'와 '퍼실 세제 리필 서비스, 플라스틱 세제 용품 리필 받기'라는 2개의 리뷰 글을 만들 수 있습니다. 별다른 걸 찾아야 한다는 스트레스를 접어두고 내 글부터 들여다보세요. 일반인은 전혀 모르는 것들이 숨어 있습니다.

산미 커피 맛집을 다니며 기록을 꼼꼼하게 하는 분이 있었습니다. 기록을 살펴보니 다양한 카페의 커피 산미, 커피 가격, 인테리어 등을 비교할 수 있겠더라고요.

이런 경우엔 검색량이 많은 키워드인 '연남동 카페'를 넣어 '연남동 산미 커피 카페 Top3 지도' '연남동 산미 커피 인테리어까지 감각적인 카페 Top10'과 같은 포스팅을 쓸 수 있어요. 키워드와 장소를 반영했고, 큐레이션으로 검색자들이 보기 편하게 쓴 글이

키워드 '커피 산미'의 검색량, 블로그 글 월 발행량, 난이도, 상위 노출 유지 기간(24년 4월 28일 기준)

키워드 '연남동 카페'의 검색량, 블로그 글 월 발행량, 난이도, 상위 노출 유지 기간(24년 4월 28일 기준)

니 상위 노출도 노릴 수 있지요.

이렇게 그냥 기록으로 남긴 글을 사람들이 검색할 만한 포스팅으로 재탄생을 시켰습니다. 여행 기록 글에서도 사람들이 자주 찾아보는 예산이나 현지인들의 맛집, 호텔에 대한 글들을 정보성 포스팅으로 바꿀 수 있겠죠? 내 블로그에도 꺼내볼 만한 스토리와 정보가 묻혀 있진 않은지 잘 살펴보세요.

이런 경우도 있습니다. 키워드를 잘 써놨는데, 블로그에서 키워드를 잘못 발행하는 거죠. 블로그 왕초보들이 자주 저지르는 실수입니다. 키워드를 태그로 반영해 넣겠다고 열심히 썼지만, 블로그 본문에 이렇게 태그를 넣으면 띄어쓰기한 이후의 단어는 반영되지 않습니다. 이 글에 넣은 키워드는 마포구, 연남동, 이렇게 2개가 되는 거죠.

> #마포구 카페 #연남동 카페 #연남동 가볼만한 곳

태그를 넣고 싶다면 다음과 같이 모든 단어를 붙여서 써야 합니다. 이렇게 쓰면 마포구 카페, 연남동 카페, 연남동 가볼 만한 곳, 이렇게 3개 키워드가 태그로 인식됩니다.

> #마포구카페 #연남동카페 #연남동가볼만한 곳

애초에 이런 실수를 하고 싶지 않다면 블로그 카테고리에서 **발
행**을 누르고 **태그 편집**란에서 **키워드를 입력**하세요. 태그를 입력
하고 **발행**을 누르면 띄어쓰기로 인해 누락된 키워드들이 바로 보
입니다.

03

쓸 만한 콘텐츠가 없어요.
소재를 어떻게 찾죠?

"소재를 찾는 세 가지 방법을 알려드릴게요.
첫째, 내 카테고리와 관련 있는 네이버 카페에 올라온 질문을
찾아보고, 그 대답들을 작성해 보세요. 둘째, 구글에서 질문을
입력해 보고 연결된 다른 질문들도 찾아보세요. 셋째, 관련된
블로그를 벤치마킹하세요."

블로그의 콘텐츠는 직접 작성해야 합니다. 블로그의 성격은 주인
에 따라 결정됩니다. 본인다운 콘텐츠는 본인만이 쓸 수 있습니
다. 그런데 블로그를 하다 보면 어느 시점부터 콘텐츠의 소재가
떨어진다고 느끼게 됩니다. 이럴 땐 콘텐츠의 소재를 찾는 게 중
요합니다.

소재 1 : 네이버 카페의 질문

내가 관심을 가진 분야의 블로그에서는 어떤 소재를 다루고 있
는지 어떻게 찾아볼까요? 매일 글을 쓰는 글쓰기 습관 모임을 진

행하면서 만나게 된 파워블로거 한 분이 공유해 준 방법이 있습니다. 내 카테고리와 관련된 네이버 카페에 올라오는 질문을 보고, 그것들을 콘텐츠로 만드는 것입니다.

가령 내가 블로그 정보를 나누는 블로거라면 네이버 카페에 '블로그 하시나요?'라는 질문이 올라왔을 때 블로그를 해야 하는 이유를 주제로 포스팅을 할 수 있습니다. 또 '블로그 리뷰 궁금한 점이 있어서요'라는 질문을 봤다면, 블로그 리뷰 글을 잘 쓰는 방법에 대해서 글을 써볼 수 있습니다.

일반적으로 사람들이 궁금해 하는 것은 비슷합니다. 하지만 검색한다고 바로 답변을 찾을 수 없는 경우가 많기 때문에, 질문과 답변을 보면서 배울 수 있는 점들이 많습니다. 사람들이 주고받는 질문과 답변 자체는 좋은 포스팅 소재가 됩니다.

소재2: 구글 검색

구글에서 내 블로그를 찾아올 만한 사람들이 물어볼 듯한 내용을 검색해 보세요. 일단 영어로 검색하는 것을 추천합니다. 영어로 된 정보는 한국어 정보와는 비교도 안 될 정도로 방대하기 때문이에요. 그래서 영어로 자료를 찾아보면, 콘텐츠의 소재도 무궁무진하다는 것을 알 수 있어요.

예를 들어 이 책의 주제인 블로그 운영법을 구글에서 질문해 보세요. "How to Start a Blog?(어떻게 블로그를 시작하나요)"를 입력

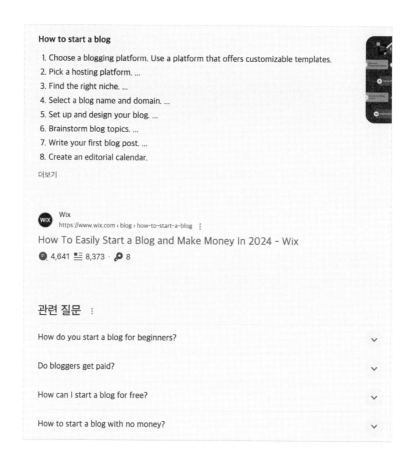

하면, 위와 같은 화면이 나옵니다.

블로거 초보들이 할 만한 질문을 했기 때문에, '관련 질문' 섹션에 블로거들이 할 만한 질문들이 나오게 되어 있습니다. 이 질문들에 대한 답만 포스팅해도 콘텐츠 소재는 끊이지 않습니다. 참, 영어가 편하지 않다면 구글 번역기나 네이버 파파고를 이용하세요.

How do you start a blog for beginners?(초보자를 위한 블로그는 어떻게 시작해요?)

Do bloggers get paid?(블로거들도 페이를 받나요?)

How can I start a blog for free?(블로그를 어떻게 무료로 시작할 수 있을까요?)

How to start a blog with no money?(어떻게 돈 없이 블로그를 시작하나요?)

관련 질문으로 나온 것만 봐도 벌써 4개의 콘텐츠가 생겼죠? 구글에서는 네이버 블로그와 달리, 블로그를 어떻게 무료로 시작할 수 있는지에 대해서 질문하고 있다는 것을 알 수 있습니다. 네이버 블로그는 무료로 열 수 있는 장치인데 말이죠. 이렇게 또 다른 형태의 블로그가 있다는 걸 알았다면, 블로그의 종류에 어떤 것이 있는지, 어떻게 운영되고 있는지를 비교해서 포스팅을 만들 수 있겠죠?

소재3 : 벤치마킹

벤치마킹하고 싶은 블로그를 찾으세요. 그 블로그의 포스팅에서는 어떤 키워드를 사용하는지, 어떻게 포스팅을 하는지, 일주일에 몇 개를 업로드하는지 등을 살펴볼 수 있습니다.

베끼는 것이 아닙니다. 벤치마킹이지요. 해당 블로그를 보고 나서 나도 이런 키워드로 글을 써봐야겠다, 이런 식으로 깔끔하게 정리해서 요약본을 올려봐야겠다, 나도 일주일에 2개 이상은 포스팅해야겠다 등 배울 점을 찾는 것입니다. 포스팅을 똑같이 베끼는 것은 창작자를 무시하는 행위이며, 불법입니다. 그러니 베끼는 것이 아닌 벤치마킹을 하세요.

벤치마킹을 할 만한 블로그는 어떻게 찾을까요? 카테고리에서 유명한 네이버 인플루언서를 찾아보면 됩니다.

네이버 인플루언서는 네이버에서 심사해서 선발한 사람들에게만 주는 자격입니다. 네이버 인플루언서가 되면, 검색했을 때 [인플루언서] 탭이 나타나고 인플루언서 전용 홈페이지가 따로 있습니다.

인플루언서의 포스팅에는 벤치마킹할 요소가 많습니다. 가독성이 좋다거나 본인만의 관점을 잘 담아낸다거나 문체나 표현 방법이 신선하다 등 벤치마킹할 요소들을 잘 찾아내어 내 블로그에도 적용해 보세요.

04

지금 뜨는 스니펫(인기 주제)은
어떻게 잡을까요?

"원하는 키워드의 검색 결과에 인기 주제가 있는지
확인하세요. 인기 주제에 해당 키워드가 있다면 내 글을 쓸 때
적용하고, 키워드가 없다면 그 키워드에 맞는 의도를
설정해 두고 글을 쓰면 됩니다."

네이버 블로그에서 검색을 하다 보면 관련된 검색어가 추천되곤
하는데, '인기 주제'라는 탭이 나오기도 합니다.

예전에는 네이버에서 검색을 하면, 인기가 많은 글이 노출되었
습니다. 그러다 보니 검색자들은 천편일률적으로 같은 검색 결과
를 볼 수밖에 없었어요. 하지만 지금은 다릅니다. 네이버는 사용
자가 원하는 검색 결과를 제공하고 싶어 합니다. 그래서 같은 단
어를 검색하더라도 그 단어에 숨겨진 의도에 맞게, 세분화된 인기
주제가 블록으로 표시됩니다. 그래서 인기 주제가 중요합니다.
검색 결과에 지수가 높은 블로그만 나타나는 것이 아니라, 검색자

의 의도에 맞는 세분화된 콘텐츠들이 다양하게 나타납니다. 즉, 내가 지금 막 시작한 블로거라도 나만의 온라인 땅을 넓힐 기회가 있다는 겁니다.

저 또한 네이버 인플루언서이지만 상위 1% 블로그처럼 방문자가 많은 편은 아닙니다. 그러나 저는 인기 주제를 통해 많은 고객들을 잡을 수 있었습니다. 네이버는 사용자가 원하는 것에 집중하므로 내 블로그에서 사용자가 원할 만한 정보를 풀어 놓았는지가 굉장히 중요합니다.

저는 얼마나 남들과 다른 정보를 가지고 있는지 블로그 포스팅 제목에서도 강조하고('3년 차 고수의 활용법과 장단점'), 인기 주제로 뜨는 '아임웹 홈페이지' 키워드를 제목에 넣었습니다. 처음에는 '아임웹'만 입력해도 제 글이 첫 번째로 떴지만, 정보의 최신성도 중요하게 생각하는 네이버이기에 시간이 지날수록 검색 결과에서 밀리기 시작했습니다. 하지만 '아임웹 홈페이지' 키워드가 인

기 주제를 꽉 붙잡고 있기에 여전히 살아 있습니다. 제가 의도한 바가 결과로 증명된 것이죠.

이렇게 원하는 대로 흐르는 시나리오를 만들려면, 인기 주제에서 잡은 키워드에 어떤 것을 넣어야 인기 주제를 클릭하는 사람들한테 유익할지 접근해 봐야 합니다.

큰 키워드부터 생각해 볼까요? 애초에 인기 주제로 뜨는 중심 키워드를 생각해 봅시다. 앞에서 본 키워드는 '아임웹'입니다. 아임웹을 검색하는 사람들은 웹빌더(Web-builder: 홈페이지를 만드는 도구)에 관심이 높을 확률도 있지만, 아임웹이라는 웹빌더에 접속하기 위해 검색했을 수도 있습니다. 아임웹이라는 게 뭔지 몰라서 포괄적인 정보를 얻으려는 사람, 쇼핑몰 제작비용이 궁금한 사람, 웹호스팅 비용이 궁금한 사람, 다른 웹빌더와의 차이점이 궁금해서 찾아보는 사람 등도 있을 거예요.

그렇다면 인기 주제에 뜬 '아임웹 홈페이지'라는 나노 키워드를 눌러보는 사람들은 어떤 것을 찾는 걸까요? '아임웹'을 검색하는 사람보다는 훨씬 더 뾰족한 니즈가 보입니다. 아임웹으로 만든 홈페이지가 궁금하거나, 아임웹으로 홈페이지를 만들고 싶다거나 등이 있겠지요. 완벽한 답이 아니더라도 충분히 유추해 볼 수 있습니다.

우리가 해야 할 일은 이중에서 어떤 타깃을 골라 어떤 정보를 줄지 더 뾰족하게 다듬는 거예요. 지금 큰 검색어에서 인기 주제 검색어로 내려왔고, 어떤 사람들이 어떤 의도로 검색했을지 세분화해 봤습니다. 이제는 여기서 장점을 극대화하고, 사람들에게 줄 수 있는 것이 많은 부분을 고르는 겁니다. 혹은 특별한 의도에 맞게 글을 쓰면 됩니다.

저는 글을 쓸 때 아임웹 홈페이지로 스몰 비즈니스를 하루 만에 시작하는 강의를 글 맨 아래에 넣고, 자연스럽게 판매로 이어지는 퍼널*을 고려했습니다. 이 강의에 관심이 있을 만한 사람들을 끌어들이는 게 중요했습니다. 그래서 스스로 홈페이지를 만들 사람, 아임웹을 사용할 사람을 특정하여 '아임웹 홈페이지'를 키워드로 '제작 중 꿀팁'이라는 단어와 '활용법' 그리고 '매출'을 제목에 넣었지요. 일단 아임웹을 모르는 사람들은 클릭하지 않을 제목입

---

* 퍼널(Funnel) : 마케팅 깔때기. 한 서비스에 고객들이 어떻게 들어와서 어떻게 나가는지에 대한 시점과 이유를 분석하는 것

니다. 제목이 쉽지 않지만 원하는 타깃과는 오히려 가까워진 것이죠.

이렇게 사용자의 의도를 파악한 뒤, 내가 충분히 능력을 발휘할 수 있는 인기 주제를 선별하여 큰 키워드와 인기 주제 키워드를 함께 잡아보려는 시도를 하다 보면 자연스럽게 이러한 과정들을 따라잡을 수 있습니다.

05

네이버에도
숏폼이 있나요?

**"네이버도 숏폼에 집중하기 시작하여 앱의 메인 화면에
'클립'이라는 숏폼 메뉴를 넣었습니다.
서비스가 활성화되면 블로그 방문자 유입에도
도움이 될 거예요."**

요즘은 짧은 동영상을 보는 사람들이 많습니다. 인스타그램의 릴
스, 유튜브의 숏츠, 틱톡 등의 짧은 동영상을 '숏폼(Short form)'이라
고 합니다. 네이버도 숏폼에 집중하기 시작했습니다.

최근에 네이버 앱에 '클립' 메뉴가 생겼습니다. 앱 메인 화면에
'클립'을 넣어 사용자가 많이 볼 수 있도록 배치하고 클립 콘텐츠
를 제작하는 미션과, 미션을 완료만 해도 네이버 페이 1만 원을 주
는 클파원 챌린지 이벤트를 하면서 숏폼 창작자를 늘리려는 의도
가 보입니다.

네이버 클립에 들어가 보면, 사람들이 재미 위주의 콘텐츠를 많이 소비하고 있음을 알 수 있습니다. 내 블로그 주제와 관련된 콘텐츠이면서, 무겁거나 진지하게 다가가기보다 가볍고 재미있게 접근할 수 있는 클립을 만들어보세요.

네이버 클립은 이제 시작 단계이지만, 블로그 유입자를 늘리는 데 어느 정도 도움이 될 겁니다. 현재 네이버 클립의 최고 조회수가 타 숏폼 플랫폼과는 차이가 많이 나지만, 네이버 앱의 메인에 자리 잡은 만큼 조만간 성장하지 않을까요?

06

네이버에서 숏폼은
어떻게 만드나요?

"사진이나 동영상을 촬영한 후 네이버 블로그
앱 화면에서 간단하게 편집하여 올릴 수 있습니다."

네이버의 숏폼인 클립은 어떻게 만들 수 있을까요?

우선 네이버 클립에 올릴 사진이나 동영상을 촬영합니다. 2024년 4월 기준으로 네이버 클립에서는 동영상이 주류 콘텐츠를 차지하고 있습니다. 그러니 사진보다 동영상을 여러 컷 준비하는 것이 노출에 더 효율적일 거예요. 많은 사람들이 사진을 스와이프하여 보는 것보다 동영상을 더 선호한다는 것을 알 수 있어요.

클립으로 동영상 만들기

네이버 앱에서 플러스(+) 버튼을 누른 뒤 **클립 만들기**를 누르면 위 화면처럼 x 버튼으로 변합니다. 여기서 **클립 만들기**를 누르면 위의 오른쪽 화면이 나옵니다. 업로드 창이 나타나면 촬영해둔 동영상을 선택하고 **확인**을 누릅니다. 그러면 동영상을 편집하거나 바로 올릴 수 있습니다. 편집을 원한다면 **편집하기**를, 바로 올리고 싶다면 **클립 올리기**를 누릅니다.

클립 편집하기

네이버 클립을 편집할 때 **편집하기**를 눌러서 볼 수 있는 화면을 알아보겠습니다. 만약 캡컷, 블로 등의 영상 편집 앱을 사용해 봤다면 UI가 비슷해서 바로 사용할 수 있을 거예요. 영상 편집 앱이 익숙하지 않다고 해도 어렵지 않으니 차근차근 따라오세요.

편집하기를 누르면 왼쪽 아래부터 오른쪽으로 **클립 수정, 사운드, 스티커, 필터, 텍스트**를 볼 수 있습니다.

　클립 올리기를 누르면 업로드를, **편집하기**를 누르면 편집을 할
수 있습니다.

　클립 수정을 누르면 화면 크기를 조절할 수 있습니다. 또 영상
의 속도나 클립의 순서, 삭제 등을 할 수 있습니다.

　사운드에서는 추천, 인기 음악을 비롯하여 패션, 뷰티, 운동 등
카테고리에 어울리는 음악들이 나옵니다. 네이버 클립에서만 사
용할 수 있는 음악이 준비되어 있으니 따로 음악을 찾아서 넣지
않아도 되겠죠?

콘텐츠 스티커 > 블로그를 누르면 **내 블로그 글**을 볼 수 있고, 클릭하면 영상에 첨부됩니다.

스티커에는 타 플랫폼이나 영상 앱과 다른, 네이버 블로그만의 특징이 있습니다. 클립에 네이버 블로그의 장소를 첨부하는 기능 (장소), 네이버 쇼핑의 상품을 추가하는 기능(쇼핑), 내 블로그 글을 넣는 기능(블로그), 네이버 뉴스를 첨부하는 기능(뉴스) 등이 있습니다.

스티커에서 장소, 쇼핑, 블로 그, 뉴스 등 어떤 것을 누르든 검색을 통해 원하는 것을 가져올 수 있습니다. 단, 블로그 기능에서는 내 블로그에 올린 포스팅만 첨부할 수 있습니다.

필터>컬러를 누르면 사진이나 동영상에서 원하는 필터를 눌러 자동 보정을 적용할 수 있습니다. **모션**을 누르면 동영상을 촬영하면서 쓸 수 있는 동적인 보정값들이 나옵니다. 화면이 두 개로 나누어지거나 한 가지 색상으로 보이는 등의 효과를 기대할 수 있습니다.

텍스트에서는 제목이나 원하는 문구를 넣을 수 있습니다. 원하는 내용을 입력한 뒤 **완료**를 누르면 됩니다. 글자의 색이나 형태도 미리 준비된 템플릿을 누르기만 하면 되니 하나씩 눌러보면서 마음에 드는 걸 적용해 보세요.

07

'~라고 하더라' 같은 소식들,
어떻게 대처해야 하나요?

"알고리즘과 '카더라'보다 더 중요한 건 좋은 콘텐츠를
만드는 것입니다. 사용자를 생각하면서 좋은 콘텐츠를
계속 만들어 나간다면 블로그는 꾸준히 성장할 것입니다."

알고리즘의 실체는 극비 사항입니다. 일반인은 들어도 이해하기
어렵고요. 네이버 블로그를 운영하다 보면 '~라고 하더라'는 카더
라 소식을 많이 듣게 됩니다. 그래서 돈을 내고 블로그 강의에 참
여하거나 컨설팅을 받는 등 노력하다가 결국 블로그를 포기하는
분들도 있습니다. 이렇게 모든 것을 끝내기 전, 무엇을 믿어야 할
지 갈피를 잡을 수 없을 때는 네이버 검색 블로그를 찾으세요.
　네이버 검색 블로그는 블로그를 어떻게 운영해야 할지와 사람
들이 흔히 하는 오해들을 (전부 다는 아니더라도) 정정해 주고는 합
니다. 최근에는 AI가 만든 콘텐츠를 어떻게 바라봐야 할 것인지

대중들이 우왕좌왕하고 있을 때, 네이버 검색 블로그가 발 빠르게
알려줬습니다. '생성형 AI로 만든 콘텐츠는 좋지 않다.', 'AI의 도
움을 받아 콘텐츠를 작성하는 것이 아니라 무분별한 AI 생성 콘텐
츠를 마구 올리는 것은 좋지 않으니 지양해야 한다' 등의 카더라
소식에 힘이 실리고 있을 때 네이버는 이렇게 밝혔습니다. 좋은
문서라면 문서 생성 방식과 상관없이 노출이 가능하다고요.

이런 식으로 알고리즘은 최신 이슈를 업데이트하고, 사용자 입
장에서 지양해야 할 것 등도 공유하고 있습니다. 네이버는 항상
공개가 가능한 선에서 경고와 정정을 하고 있는 거죠.

그렇다면 경고는 어디서 확인할 수 있을까요? 바로 모든 사용
자들이 접근할 수 있는 네이버 검색 블로그입니다. 네이버 창에
서 '네이버 검색 블로그'를 검색한 후 처음 나오는 블로그에 들어
가면 됩니다.

이 블로그에서는 서비스, 기술, 데이터, 운영 정책, 뉴스 알고리즘 등을 다룹니다. 어떤 카더라 소식이 들리더라도 확실해지기 전까지는 믿지 마세요. 이 블로그에서 한 번 더 확인할 것을 추천합니다. 무엇보다도 카더라 소식의 진위를 검증하고 싶다면 네이버의 철학을 곰곰이 생각해 보는 게 좋습니다.

알고리즘과 카더라보다 더 중요한 건 좋은 콘텐츠를 계속 만들어나가는 것입니다. 콘텐츠의 질과 관련된 것들은 모두 맞다고 생각하고, 포스팅의 질을 높이기 위해 노력하세요. 내 경험과 관점이 확실하게 담긴 것도 좋은 문서이고, 사용자가 원하는 정보가 알뜰살뜰히 들어간 것도 좋은 문서입니다.

4

한 달 안에
일 방문자 1,000명
만들기

01

블로그 글에 쓰는 말투도
고민해야 하나요?

"글에도 말투가 있습니다.
나만의 관점을 내 말투로 전달하는 순간,
블로그 세상에 퍼져 있는 다른 블로거와
차별화될 수 있습니다."

어떤 영상 콘텐츠가 잘나가기 시작하면 너도 나도 잘나가는 영상과 비슷한 영상을 만들어서 올립니다. 글 콘텐츠도 마찬가지입니다. 어떤 블로그가 잘나가면 그 블로그의 말투나 관점을 베끼기도 합니다. 원작자 입장에서는 기분이 나쁘지만 블로그 세상에서는 흔하게 일어나는 일입니다.

내가 만들고자 하는 분야와 전혀 다른 채널이라도 그 채널이 잘나간다면, 그 채널의 말투나 콘텐츠의 길이, 사진 분위기 등을 똑같이 하는 사람들이 있습니다. 하지만 이런 행동들은 의미가 없습니다. 콘텐츠가 아무리 다르다고 한들 사람들이 해당 콘텐츠를 본 순간 원작자를 떠올리게 된다면, 이것은 '사람들이 콘텐츠로 나를 떠올리게 하는 것'에 실패한 것이죠.

글에도 말투가 있습니다. 나만의 관점을 내 말투로 전달하는 순간, 블로그 세상에 퍼져 있는 다른 블로거와 차별화된 블로거가 될 수 있습니다. 기존의 것과 다른 분위기 때문에 사람들에게 신선함을 줄 수도 있습니다.

예를 들어볼까요?

EBS에서 영어 콘텐츠를 너무나 쉽고 다르게 풀어낸 올리버 쌤을 생각해 보세요. 고리타분한 영어 콘텐츠가 아니라 콩트 같아서 재미있고 유용합니다. 미국인이 직접 알려주는 콘텐츠니까 신뢰도 가죠.

대표적인 동양 고전인 장자를 재해석해서 풀어주는 강신주 작가는 어떤가요. 그냥 지나치기 쉬운 문장도 자신만의 시선으로 풀어 우리에게 깊은 깨달음을 줍니다. 작가의 말투에서 빠져나오기 힘들다고 하는 사람이 많을 정도로 팬도 많습니다.

일상에서 일어나는 사소한 일에서 철학을 읽어내고 소설과 철학서 중간쯤을 써내려가는 알랭 드 보통은 어떤가요.

이 외에도 정말 많은 크리에이터들이 있습니다. 이들이 너무 대단하다고 주눅들 필요는 없습니다. 그렇게 기준을 높게 잡지 않아도 됩니다.

우리의 교육 체계는 빠르게 변하는 시대를 따라가지 못하고 있기 때문에, 변화하는 시대에 맞는 우리만의 관점을 가지는 것이 결국 앞으로 나아가는 것이 됩니다. 그래서 높은 기준점은 더 이상 중요하지 않습니다.

그렇다면 나만의 관점을 풀어내야 하는 '글'에 들어가는 말투는 어떻게 찾을 수 있을까요?

글에서 사용하는 말투, 즉 어조는 넓게 보면 퍼스널 브랜딩과 이어집니다. 물론 어조 하나가 퍼스널 브랜딩으로 바로 이어지지는 않습니다. 퍼스널 브랜딩은 사람들이 나를 어떻게 인식하게 만들지 설계하고, 사람들이 그렇게 인식하게 만들어 나가는 일련의 과정들과 그 과정의 부산물이 모두 포함되거든요. 굉장히 방대하고 큰 분야지만, 여기서는 내 블로그를 어떻게 사람들에게 인식시킬지에 대해서만 생각합시다. 블로그 브랜딩 말이에요.

블로그에서는 시각적으로 보여주는 것들이 있습니다. 사진이나 영상, 그리고 생각을 풀어나가는 모든 방식, 아주 작게는 내가 사용하는 스티커도 포함될 수 있어요. 하지만 가장 큰 영향을 끼치는 것은 역시나 나만의 관점을 가지는 것, 그리고 그 관점을 어떻게 풀어내느냐 하는 것입니다. 소재보다는 나만의 관점과 어조가 더 중요하고요.

예전에 전자책 쓰고 만들기 강의에서 만났던 수강생이 떠오릅니다. 그분은 어디서나 만날 수 있을 법한 평범한 분이었어요. 그런데 그분의 글을 읽고 깜짝 놀랐습니다. 문구류에 대한 자신의 생각과 감정을 담은 글이었는데, 매우 뜨겁고 강렬했어요. 평범한 펜에도 자신만의 기억과 감정을 담아 펜을 넘어선 무언가를 표현하고 있었습니다.

남들과 전혀 다른 글을 쓰기 위해 엄청나게 차별화된 무언가를 담아내려고 노력할 필요는 없지만, 평범한 것에 나만의 고민을 반추해서 써내려갈 수 있다면 그것만큼 좋은 글은 없을 거예요. 우리는 무엇이든 쓸 수 있어요. 네이버는 개인의 생각이 담긴 문서를 가장 좋아하고요. 우리가 그런 것들을 찾고 추구하기 때문에 웹미디어도 이러한 방향으로 흘러왔겠죠?

많은 SNS에서는 구독자의 애칭을 붙이곤 합니다. 저는 구독자들을 '디노님'이라고 부릅니다. 이렇게 애칭을 붙인 이유는 하나입니다. 그것조차도 내 정체성에 영향을 줄 수 있기 때문이에요. 사람들이 인식하는 SNS상에서의 내 존재를 포지셔닝할 때 하나라도 더 전략적으로 고민하고 사용한다면, 당연히 유리할 수밖에 없습니다. 이렇게 사소한 것도 전략을 가지고 앞으로 나아가는 사람과 그렇지 않은 사람의 성장 속도는 당연히 차이날 수밖에 없어요.

그러니 지금 내가 할 수 있는 것, 그리고 나만이 쓸 수 있는 것은 무엇인지 찬찬히 고민하면서 블로그를 운영하고, 이 책을 천천히 따라와 주세요.

02

요즘 사람들에게
인기 있는 주제는 무엇인가요?

"크리에이터 어드바이저 페이지로 들어가세요.
내 카테고리에서 사람들이 어떤 걸 많이 찾아보는지
한눈에 확인할 수 있어요."

예전에는 실시간 검색어를 통해 사람들이 현재 궁금해 하는 관심사를 파악할 수 있었습니다. 실시간 검색어가 사라진 후 사람들의 관심사는 카테고리로 확인할 수 있습니다. 또 내 블로그가 속한 분야에서 사람들이 어떤 키워드를 많이 검색하고 있는지도 알 수 있습니다. 그래서 트렌드를 따라 잡고 싶다면 반드시 살펴봐야 합니다.

그게 뭐냐고요? 바로 크리에이터 어드바이저입니다. 블로그의 관리 페이지에서 볼 수 있습니다. 이 페이지를 보기 전에 유념해야 할 것은 내 블로그의 세분화된 카테고리입니다. 제 블로그는

'경제/비즈니스' 카테고리에서 '마케팅'에 속하고, '마케팅'에서도 '지식 창업'과 '콘텐츠 마케팅' 분야에 속합니다. 그런데 크리에이터 어드바이저에서는 큰 카테고리의 검색어만 볼 수 있기 때문에 '경제/비즈니스'에 속한 분야만 볼 수 있어요.

그러다 보니 정책, 청약, 주식, 경매, 부동산, 창업 등의 큰 비즈니스나 정책을 가늠할 수 있는 검색어들이 주류를 차지하고 있습니다. 제공하고자 하는 정보와는 결이 맞지 않아서 여기서 나오는 키워드를 건드리지 않는 편이지만, 요리/레시피, 라이프, 이슈/트렌드, 그리고 패션/미용 등의 카테고리에서는 잡으면 괜찮은 키워드와 요즘의 트렌드를 한눈에 파악하기 좋아요.

예를 들어, 계절마다 달라지는 제철 재료와 관련 요리를 검색하는 사람들이 많잖아요. 우리가 일일이 조사하지 않아도 사람들이 무엇을 찾는지 자연스럽게 알 수 있습니다. 이슈와 트렌드는 그 자체로 알아둘 필요가 있고, 유행에 민감한 사람들이 자주 검색하는 패션/미용 분야의 흐름도 자연스럽게 읽을 수 있어요.

크리에이터 어드바이저에서 인기 주제 확인하기

① 블로그 관리 화면에서 **내 블로그 통계**를 누른 후 **크리에이터 어드바이저**를 누릅니다.

② 새 창에 크리에이터 어드바이저 화면이 나타납니다. **트렌드**를 누릅니다.

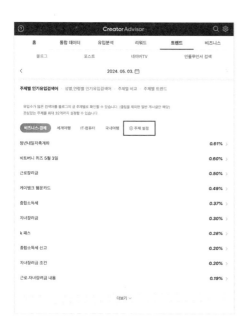

③ 다양한 카테고리가 나타납니다. **주제 설정**을 누릅니다.

④ 원하는 주제를 선택한 후 **적용하기**를 누릅니다. 버튼을 드래그 앤 드롭해서 순서를 변경할 수 있습니다. 이제 크리에이터 어드바이저 화면에 들어갈 때마다 내가 설정한 주제에서 검색된 것이 자동으로 나타나게 됩니다.

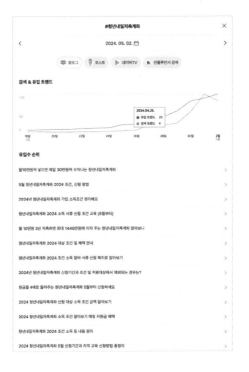

⑤ 이제 적용된 카테고리에서 인기 키워드를 볼 수 있습니다. 또한 키워드를 누르기만 하면 어떤 글에 가장 유입이 많은지(사람들이 클릭해서 들어가는지) 볼 수 있어요. ③번 화면에서 '청년내일저축계좌' 키워드를 누르면 다음과 같은 화면이 나타납니다. 어떤 글이 인기 있는지 순서대로 나오네요. 제목을 누르면 해당 블로그로 이동됩니다.

03

블로그에 어떤
키워드를 넣어야 하나요?

"마케팅 플랫폼인 '판다랭크'에서 인기 키워드 및
관련 키워드를 찾아보세요. 어떤 키워드를 사용하면 좋은지
알 수 있고, 시장을 보는 눈도 키울 수 있습니다."

블로그를 운영한다면 검색자의 의도를 파악할 줄 알아야 합니다. 블로그가 다른 플랫폼과 가장 다른 점은 검색자가 어떤 의도를 가지고 검색해서 내 블로그를 발견하게 된다는 거예요.

이미 필요성을 느끼거나 궁금증을 가진 사람들이 내 블로그를 발견했을 때 내 콘텐츠가 그들의 의도와 맞아떨어진다면 내 포스팅을 읽는 시간, 즉 머무르는 시간이 늘어날 겁니다. 그러면 내 콘텐츠가 검색자의 의도에 맞는 것으로 분류되어 상위에 노출될 확률이 높아지겠지요?

그것도 (신뢰도가 다 다른) 블로그에서 어떤 키워드를 썼을 때 적합할지를 미리 따져보고, 내가 쓰려고 하는 내용과 맞는지 살펴본

뒤 검색자의 의도에 맞게 키워드를 뽑는 것이 좋겠지요. 어떤 키워드가 내 의도에 맞을지 고민해 본 적이 있다면, '판다랭크'라는 툴을 사용해 보세요. 무료 툴이고, 내 블로그 글이 노출되었는지 아닌지까지 살펴볼 수 있습니다.

사용법은 간단합니다. 일단 가입한 후 **인플루언서>키워드 분석**으로 들어갑니다. 분석 창에서 쓰려고 하는 글과 관련된 내용을 검색해 보세요.

종합 분석에서 난이도를 체크할 수 있습니다. 또한 연관 키워드와 검색량도 볼 수 있어요. 계속 키워드 찾기만 하면 금방 지칠 수 있으니 내가 쓰려고 하는 글에 집중하되 키워드는 괜찮은 것인지 확인만 하는 것이 좋습니다.

키워드를 확인하는 기준은 첫째, 난이도 체크에서는 일 방문자 몇 명 정도에게 적합한지 참고만 하세요. 경쟁률이 너무 높고 해당 키워드를 선점한 블로그들의 일 방문자가 평균적으로 높다면, 경쟁률이 좀 더 낮거나 키워드를 선점한 블로그들의 일 방문자가 비교적 적은 것으로 선택하는 것이 좋습니다.

둘째, 연관 키워드에서 내가 쓰려고 한 키워드와 관련 있는 키워드들을 살펴봅니다. 검색량과 경쟁률이 괜찮다면 해당 키워드도 태그에 넣어서 발행하세요. 검색량은 월 1,000회 이상인 것이 좋습니다. 경쟁률은 블로그에 따라 다르겠지만, 시작한 지 1년 이하라면 A급 이상의 것은 피하세요. 다만, 블로그는 키워드가 아닌 콘텐츠의 싸움이라는 것을 감안하여 고퀄리티 문서를 만들 자신이 있다면 해당 키워드에 도전해 보는 것도 좋습니다.

키워드를 찾아보는 일을 통해 시장이 어떻게 돌아가고 있는지, 사람들이 이걸 왜 원하는지 유추해 보는 것만으로도 자연스럽게 시장을 보는 눈이 길러집니다. 그러니 키워드를 찾는 연습을 꾸준히 하세요. 내가 지금 어디로 나아가면 좋을지, 나중에 고민하는 시기가 왔을 때도 선택의 폭을 더 좁히고 더 괜찮은 곳을 고를 수 있게 될 거예요. 고민은 그 자체로 우리에게 자양분이 되어줍니다. 이 세계가 진짜 그래요.

04

네이버 인플루언서는 무엇이고, 좋은 점은 무엇인가요?

"네이버 인플루언서는 블로그, 유튜브, 인스타그램, 포스트, 네이버TV, 스마트스토어, 쇼핑라이브 등의 채널에서 20개 전문 주제로 활동하는 검증된 창작자입니다. 일반 블로거보다 노출될 수 있는 판을 하나 더 가지며, 네이버 검색 결과에는 인플루언서가 만든 전문 콘텐츠가 나타나게 됩니다."

블로그를 알차게 잘 운영하고 있다면 네이버 인플루언서에 도전해 보세요. 인플루언서가 되면 네이버에서 키워드 검색 시에 바로 검색 결과로 나타나게 됩니다.

네이버 인플루언서가 되면 나만의 인플루언서 홈이 생깁니다. 네이버 블로그 외에 또 다른 나만의 땅이 생기는 거죠. 여기서 템플릿에 맞춰 원하는 정보들을 노출하고, 네이버 인플루언서에서 지원하는 다른 채널도 함께 볼 수 있도록 만들 수 있습니다.

내 인플루언서 홈에는 네이버에서 제공하는 채널 서비스 7개 (블로그, 유튜브, 인스타그램, 포스트, 네이버TV, 스마트스토어, 쇼핑 라이

**주제별로 선보이는
인플루언서의
전문 콘텐츠**

인플루언서가 직접 참여해 만드는
인플루언서 검색

네이버 검색창에 키워드를 검색하면 인플루언서가
만든 전문 콘텐츠를 볼 수 있어요. 직업, 전문분야 등
필터링을 통해 내게 꼭 맞는 콘텐츠를 탐색해 보세요.

다시 재생 ⟲

**주제별로 선보이는
인플루언서의
전문 콘텐츠**

유용한 콘텐츠만 모아서 한눈에 쏙
인플루언서 토픽

인플루언서 토픽은 블로그, 유튜브 등 다양한 채널의
콘텐츠를 주제에 맞게 큐레이션한 콘텐츠예요.
네이버 메인의 추천·구독을 통해 만나 보세요.

다시 재생 ⟲

출처: 네이버 인플루언서 홈

브) 중에서 블로그, 유튜브, 인스타그램, 네이버TV, 이렇게 네 가지 플랫폼을 주로 연동해 두는 편이에요. 저 또한 인플루언서 홈에 블로그, 유튜브, 인스타그램 콘텐츠를 연동해 두었습니다. 내 인플루언서 홈에는 타 채널에 올린 콘텐츠가 자동으로 연동됩니다.

또 네이버 메인에 있는 '추천', '구독' 탭에서도 인플루언서의 콘텐츠를 볼 수 있습니다. 네이버 메인 화면에 뜬다는 것 자체가 큰 메리트예요. 단, 네이버 인플루언서가 되었다고 해서 무조건 메인에 노출되는 건 아닙니다. 네이버 인플루언서를 '전문 콘텐츠 창작자'라고 네이버가 칭한 만큼 콘텐츠의 질이 중요합니다. '추천', '구독' 탭에는 주로 사람들이 궁금해 할 만한 콘텐츠가 올라옵니다.

인플루언서 홈에서 '토픽'을 발행해야 메인에 노출될 확률이 높습니다. 인플루언서 홈에서 **토픽**을 선택하고, **토픽 발행하기>내 주제의 토픽 선택>내가 연동한 콘텐츠 선택>콘텐츠를 최대 5개 선택**한 후 **각 콘텐츠에 대한 요약 제목과 간단한 설명 작성>발행**을 누르면 토픽이 발행됩니다.

'매일 찾는 짧은 즐거움' 탭은 네이버 클립이 노출되는 구간입니다. 여러모로 네이버가 중요시하는 것들을 살뜰히 챙기고 있는 것을 확인할 수 있죠?

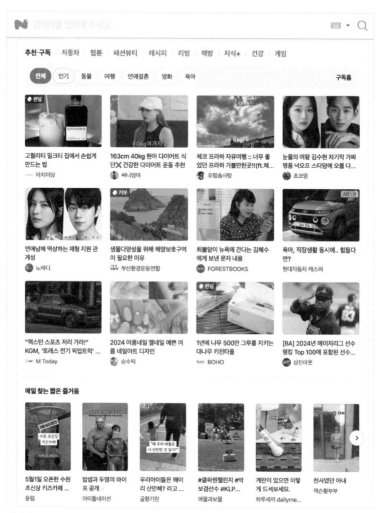

네이버 메인 화면의 '추천·구독' 섹션(2024년 5월 5일)

네이버 인플루언서 블로그에서는 23년 8월, 홈피드(네이버 메인에 개인마다 다르게 뜨는 추천 영역. 구독한 채널이나 검색 결과, 소비한 문서를 기반으로 맞춤 문서가 추천되며, 인기 있는 콘텐츠일수록 다른 유저들의 피드에도 노출될 확률이 높습니다)에서 토픽이 처음 노출된 시점에 대비하여 조회수가 약 400% 증가했다고 알렸습니다. 토픽에서 발생하는 인플루언서의 광고 수익 또한 증가하는 추세입니다.

중요한 것은 사람들이 보고 싶을 만한 제목은 물론 선명한 해상도의 사진을 첨부하고, '토픽'에 있는 콘텐츠를 선택하게끔 콘텐츠를 제대로 요약해서 넣는 것입니다. 이 모든 것은 내 콘텐츠를 소비하는 사람들에 대한 이해가 기반되어야 합니다. 큐레이션 등을 거친 토픽을 발행할 수 있는 성실함, 그리고 좋은 콘텐츠를 만들 수 있는 엉덩이 힘이 필요합니다. 이제 블로그에 쓴 포스팅이나 타 채널에 올린 콘텐츠도 큐레이션을 통해 네이버 메인에 노출될 확률이 높아집니다.

　네이버 인플루언서에게는 중요한 과업이 하나 더 있습니다. 인플루언서가 홈을 가지면 할 수 있는 '키워드 챌린지'인데요. '토픽'과 같이 키워드 하나에 관련된 내 콘텐츠를 최대 100개까지 선택하여 발행할 수 있는 기능입니다. '토픽'은 카테고리를 선택한 후 제목을 쓸 수 있는 데 반해 '키워드 챌린지'는 이미 네이버에서 제공하고 있는 내 카테고리의 키워드 중에서 하나를 선택하여 관련된 콘텐츠를 선택한 후 그대로 내보내기를 합니다. 둘 다 네이버 메인에 노출될 수 있기 때문에 잘 이용하면 블로그 노출을 높일 수 있습니다.

　그리고 시기에 맞는 걸 쓰면 좋아요. 가령, 봄에는 봄 나들이, 여름에는 피서 갈 만한 곳, 가을에는 단풍 구경하기 좋은 산, 겨울에는 크리스마스 트리 같은 것을 올리는 거죠. 계절이나 유행에 따라 시기에 맞는 걸 올리면 메인에 뜰 확률을 높일 수 있어요.

네이버 인플루언서는
어떻게 하면 될 수 있나요?

**"네이버 인플루언서 제도는 전문적인 콘텐츠를 생산하는
검증된 창작자를 보여주기 위한 장치입니다.
그러니 나만의 콘텐츠를 꾸준히 제작하고 브랜딩한다면
합격 가능성은 올라갑니다."**

제가 운영하는 글쓰기 습관 모임에서 한 달 만에 네이버 인플루언서 심사에 합격한 블로거가 있습니다. 그전에는 10번이 넘는 인플루언서 심사에서 떨어졌는데, 지금부터 알려드릴 단 하나를 꾸준히 적용하게 만든 결과, 한 달 만에 바로 합격했답니다.

그분은 블로그에 여행 외 다양한 콘텐츠를 많이 제작했는데, 어떤 포스팅이든 꼼꼼하고 자세하게 정리가 되어 있었지요. 그래서 저는 그분이 가장 자신 있다는 여행 콘텐츠를 집중적으로 써보라고 조언했습니다.

중점적으로 코칭한 내용은 꼼꼼하고, 자세하고, 정돈된 성격이

글에서도 드러나게 만들자는 것이었어요. 여행 숙소를 소개하더라도 숙소의 가격, 어매니티, 그리고 숙소 소개서 PDF까지 블로그에서 다운로드할 수 있도록 글을 쓰던 분이었는데, 하나 더 추가했습니다. 기존에 써둔 비슷한 규모와 가격의 호텔 두어 군데 정도를 이 숙소와 비교하여 장단점을 쓰는 것이었죠. 그분은 이 것을 표로 정리하고, 네이버 맵으로 분리하여 설명하고, 할인 정보까지 꼼꼼히 넣어서 포스팅을 했습니다.

또한 여행 정보의 흐름도 사람들이 여행 중 찾아볼 만한 것들의 흐름을 따라 쓰도록 알려드렸습니다. 보통 해외여행을 가기 전에는 여권, 그 나라의 문화, 숙소, 치안, 위생부터 찾아보게 됩니다. 이 순서대로 하고, 맛집은 맛집대로 모으고 평점을 넣고 숙소에서 얼마나 걸리는지, 숙소에서 가까운 순서대로 어떻게 가면 되는지의 여정도 비교하도록 했지요. 사진은 모두 높은 해상도로 찍은 것으로 업로드했고요.

블로그 대문도 그분을 떠올리면 생각나는 '꼼꼼한, 자세한, 정돈된' 분위기가 느껴지도록 디자인을 했습니다. 그렇게 하루에 1개, 적으면 3일에 1개 정도의 콘텐츠를 올린 지 딱 한 달 만에 심사에 합격한 거예요.

물론 모든 분들이 이렇게 할 필요는 없습니다. 나만의 관점을 중요시하는 네이버 알고리즘의 특성상 개인의 경험을 자유롭게 풀어도 전문적인 내용이라고 판단한다면 네이버 인플루언서 심사에 승산이 있습니다. 나의 콘텐츠를 어떤 키워드로 정의한 뒤 사람들이 나를 왜 찾아오는지에 대해 생각해 보세요. 그런 콘텐츠를 꾸준히 제작하고 브랜딩한다면, 그렇지 않은 사람보다 합격 가능성이 높을 수밖에 없을 겁니다. 네이버 인플루언서 제도가 전문적인 콘텐츠를 생산하는 검증된 창작자를 보여주기 위한 것이니, 여기에 걸맞은 전략은 여러 가지겠지만 이 방법이 가장 쉬워서 소개합니다.

1:29:300의 씨뿌리기를 시도해야 합니다. 하나(1)의 사건에는 29개의 중요한 단서, 그리고 300개의 작은 단서들이 흩어져 있습니다. 네이버 인플루언서를 원한다면, 적어도 29개의 씨는 뿌려 볼 수 있어야겠죠? 걱정 마세요. 여기서는 가장 중요한 한 가지만 할 겁니다. 바로 내가 의도한 것을 사람들의 인식 속에 자리 잡게 만드는 포지셔닝(Positioning)입니다.

내 계정과 블로그 글의 어조, 그리고 블로그를 방문하는 사람들은 어떤 사람들인지, 그리고 왜 내 블로그를 찾는지 생각하면서 떠오르는 모든 형용사를 적어보세요. 아름다운, 행복한, 꼼꼼한, 정확한, 자유로운, 넓은, 포괄적인, 자세한, 비교하는, 선택적인, 안목의 등 떠오르는 것은 모두 적어도 좋습니다. 그리고 나서 내 블로그를 세 가지 형용사로 정의해 보세요. 이제 그 형용사 3개를 뾰족하게 표현하는 블로그와 콘텐츠를 만들겠다고 생각하면 됩니다.

사람들이 내 블로그를 찾아야만 하는 이유를 고민해 보세요. 그 안에 정답이 있습니다. 정보를 꼼꼼하게 비교해 주기 때문인가요? 사진이 감성적이거나 아름답기 때문인가요? 나만의 사색을 가볍게 풀어내지만 만인이 공감할 만한 토픽으로 뽑아내기 때문인가요? 늘 즐겁고 유쾌하기 때문인가요? 문체가 화려한 맛이 있기 때문인가요? 어려운 이야기를 쉽게 풀어내기 때문인가요? 읽는 이가 나의 열정에 반했기 때문인가요? 읽어보기만 해도 요즘의 트렌드를 발 빠르게 따라갈 수 있기 때문인가요?

여러 가지 방향으로 고민해 보세요. 사람들이 내 블로그를 찾아와야만 하는 이유를 찾았다면, 그 방향성을 가지고 씨를 뿌리면 됩니다. 지속적으로 같은 맥락을 제공할 때 사람들은 그 맥락을 무의식중에 느끼고, 내 블로그는 그들의 머릿속에 자리잡게 됩니다. 이것은 네이버 인플루언서를 심사할 때도 큰 영향을 끼치게 될 것이고요.

5

한 달 안에
수익 만들기

01

일반인도 블로그로
돈을 벌 수 있나요?

"일반인이 블로그로 돈을 벌 수 있는 방법은 크게
세 가지입니다. 첫째, 내가 판매할 게 없어도 팔 수 있는
애드포스트나 제휴 마케팅. 둘째, 저렴하게 사와서
마진을 붙여 판매할 수 있는 블로그 마켓. 셋째, 나의 경험과
지혜와 지식을 상품으로 만들어서 판매하는 무자본 창업."

일반인도 블로그로 돈을 벌 수 있습니다. 많은 사람들이 네이버 블로그에 붙는 광고인 애드포스트를 통해 광고비를 받는다고 생각하는데요, 애드포스트 외에도 정말 많은 것으로 수익화를 할 수 있어요.

일단 기본적으로 사업장이 있는 경우는 블로그를 통해 내 사업장을 노출시키고 더 많은 손님들을 끌어옵니다. 사업장을 차리지 않고 손님만 끌어오는 경우에도 돈을 벌 수 있습니다. 대표적인 게 제휴 마케팅입니다. 실제로 결제를 받고, 배송을 보내고, CS까지 모두 하는 곳은 브랜드이지만 이 브랜드가 발급해 준 나만의

URL을 받아 블로그에 홍보하고, 링크를 통해 사람들이 물건을 사면 3~30% 수수료를 받는 형태지요. 이건 쿠팡 파트너스, 애드픽 등의 제휴 마케팅 사이트에서 할 수 있습니다. 사업자를 내거나 물건을 판매하는 일은 하지 않고 그냥 포스팅만 하면 된다는 점이 매력적입니다.

학생들 중에는 동대문에서 떼온 옷이나 액세서리를 블로그에서 판매하며 자신만의 브랜드를 만드는 경우도 있습니다. 절차는 생각보다 간단합니다. 학생들은 소자본으로 도전해야 하니 100만 원도 안 되는 돈으로 샘플 반지나 옷만 사와서 사진을 찍어 올리고, 블로그에서 옷을 판매한다고 하는 거죠.

청년 농부들은 재배한 농산물을 블로그에서 팔기도 합니다. 요즘에는 중국의 알리바바, 테무라는 오픈마켓이 활성화되었습니다. 이 마켓에서 저렴하게 물건을 구매하여 새롭게 사진을 찍고 블로그에 포스팅해서 판매하는 사람들도 생겨나고 있어요. 이것이 곧 다음에 소개할 '블로그 마켓'이 생기게 된 연유입니다.

나와는 전혀 상관없는 일이라고 생각하지만, 실상은 누구나 할 수 있는 경험으로 상품을 만들어서 판매하는 것입니다. 유튜브, 블로그, 인스타그램에서도 많이 언급되는 전자책 만들어서 팔기, 외주 받기, 강의하기, 컨설팅 등의 일은 장애물이 많고 어렵다고 생각하는 분들이 많습니다. 누구나 할 수 있는 일이라 그런지 경쟁률도 높을 거라고 믿는 분들도 많지요. 만약 내가 할 수 있는 SNS가 하나도 없고, 내가 가진 능력을 다듬어서 뾰족하게 보여줄 수 있지 않다면 어려운 일입니다. 다만 내가 블로그를 시작해서 어느 정도의 방문자도 가지고 있고, 내가 가진 경험과 지혜로 많은 사람들을 도울 수 있다는 것을 알고 있다면 얼마든지 해나갈 수 있어요.

이렇게 세 가지 정도로 크게 수익화할 수 있는 파트를 나누어 보았습니다. 첫째, 내가 판매할 게 없어도 팔 수 있는 애드포스트나 제휴 마케팅. 둘째, 저렴하게 사와서 마진을 붙여 판매할 수 있는 블로그 마켓. 셋째, 나의 경험과 지혜와 지식을 상품으로 만들어서 판매하는 무자본 창업. 이 외에도 다양한 기회들이 블로그를 통해 들어오는 경우가 많습니다.

블로그를 통해 연락을 해오는 업체도 있고, 개인도 있습니다. 상상도 하지 못했던 일거리를 들고 오는 사람들 덕분에 전혀 생각지도 못한 일을 시작한 분들도 많습니다.

결국 온라인 세상도 사람 사는 세상이기 때문에, 사람들을 귀하게 대하는 태도가 중요합니다. 태도가 경쟁력인 시대라는 것을 알고 있다면 어떤 일이든 새롭게 시도해 보고, 이어나갈 수 있을 거예요.

02

체험단이나 기자단 활동을 하면
월 300만 원을 아낄 수 있다고요?

"블로그가 활성화되면 체험단과 기자단 모집에
지원할 수 있고, 제안을 받기도 합니다.
생활용품 같은 물건을 사용하는 것부터 여행, 맛집 등의
체험까지, 하는 만큼 돈을 벌 수 있습니다."

체험단이란 광고주가 제공하는 서비스나 상품을 제공받은 대가
로 리뷰를 써주는 사람들을 말합니다. 제가 블로그를 시작했던
계기도 공짜 밥을 먹기 위해 체험단이 되어 맛집에서 음식을 무료
로 제공받고, 그 경험을 포스팅한 것이었어요.

기자단은 체험단과 비슷하지만 약간 다릅니다. 업체로부터 정
해진 서비스에 대해서 구체적인 가이드라인을 받아 그에 맞게 포
스팅을 한 뒤 소정의 원고료를 받습니다. 적게는 1만 원인데, 수
준에 따라 달라집니다.

기자단과 체험단은 금전적 대가로 구분됩니다. 물론 서포터즈

를 기자단으로 표기하는 브랜드도 있지만, 보통 블로거들 사이에서 기자단은 이렇게 구분되곤 해요.

특히 큰 브랜드에서 기자단을 모집할 때가 많습니다. 연락이 오면, 브랜드가 클 경우나 내가 제안한 원고료를 맞춰줄 수 있을 경우에는 해보는 것이 좋습니다. (브랜드가 클 경우 원고료가 올라가는 경우도 많아요.)

다음과 같이 먼저 단가를 알려달라는 문의가 오면 어떻게 답할까요? 간단한 가이드를 드릴게요. 단, 블로거들 사이에서 먹혔던 단가일 뿐 정답은 아닙니다. 매우 보수적으로 잡은 값이니까요. 내 블로그가 얼마나 도움이 될지 잘 피력하는 경우 일 방문자 500명이어도 원고료 10만 원 이상을 받기도 합니다.

1. 일 방문자 ~500명: 3만 원
2. 일 방문자 500~1,000명: 5만 원
3. 일 방문자 1,000명~3,000명: 10만 원
4. 일 방문자 3,000명 이상/네이버 인플루언서: 정하고 피력하기 나름이므로, 직접 정할 것을 추천합니다. 주제에 따라 다를 수 있으며, 정해진 금액은 없습니다.

가이드라인이 미리 오지 않는 경우는 먼저 물어보고 결정하세요. 간혹 가이드라인 없이 '알아서 해주세요'라고 말하는 담당자

[████] ███ ████/급여이체통장 바이럴 캠페인_진행가능여부 문의 ▢

∧ 보낸사람 ███████████████ 주소추가 수신차단 ♡ 관심친구 추가

받는사람 아나의디노<anastravel@kakao.com> 주소추가

안녕하세요.
처음 인사드립니다.
████████ ██████ █████이라고 합니다.

███ ██ ██ ███████████████ 블로그 포스팅 및 진행 세부 사항 문의 드리고 싶고 메일드립니다.
하기 정리하여 전달드리오니 확인 부탁드립니다.
※ **해당 건은 컨디션 확인 차 문의드리는 사항으로, 상황에 따라 진행이 어려울 수 있는 점 감안하여 확인 부탁 드립니다.**

[Check Required]
24.04.02~04.30 한 달 내 1건 콘텐츠를 업로드하는 것을 기본으로 희망하고 있습니다.
원고료를 포함한 상세한 내용은 하기로 체크 부탁드립니다.

1 업로드 일정
: 24.04.02~24.04.30(한달) 기간 내 총 1건 업로드 예정입니다.

2 원고료
: 총 1건 진행 비용은 20만원이며, 3.3% 세금 포함된 금액입니다.
　※ **협의가 필요한 경우는 별도로 회신 부탁드립니다.**

의 경우, 나중에 여러 번 수정을 요청할 수도 있기 때문입니다.

체험단이 되면 맛집뿐만 아니라 액티비티, 미용, 패션, 여행(심지어 숙소까지), 교육, 생활(반려/육아), 식품, 그 외의 문화생활까지 제공받을 수 있습니다.

답장　　전체답장　　전달　　삭제　　스팸신고　　│　　이동 ⌄　　추가 기능 ⌄

[Check Required]
24.04.02~24.04.30 한 달 내 1건 콘텐츠를 업로드하는 것을 기본으로 희망하고 있습니다.
원고료를 포함한 상세한 내용은 하기로 체크 부탁드립니다.

1 업로드 일정
: 24.04.02~24.04.30(한달) 기간 내 총 1건 업로드 예정입니다.

2 원고료
: 총 1건 진행 비용은 20만원이며, 3.3% 세금 포함된 금액입니다.
 ※ 협의가 필요한 경우는 별도로 회신 부탁드립니다.

3 콘텐츠 내용
: 본인의 직장 or 재테크 이야기와 연계하여,
 재테크 수단으로 ▓▓▓▓▓▓▓▓▓▓▓▓▓▓의 장점 및 이벤트 안내.

 ※ 파킹통장 : Parking(주차)를 하는 것처럼 언제든 넣다 뺏다 입출금 할 수 있는 통장을 의미.
　　　　　　 언제나 입출금 할 수 있으면서도, 금리도 상대적으로 높은 통장.

4 콘텐츠 세부내용
: ① 해당 가이드는 현재 미정 상태로 추후 변경 될 수 있습니다.
 ② 트래킹 URL 1개+ 고화질 사진 8장 이상 필수 삽입
 ③ 컨텐츠 수정이 진행될 수 있습니다.
 (상품 이벤트 페이지 -> 바로가기)
 (상품소개 페이지 -> 바로가기)
 (예시 콘텐츠 1. -> 바로가기)
 (예시 콘텐츠 2. -> 바로가기)

　　저는 인천-푸꾸옥 왕복 해외 항공권 2인권을 제공받고 해외여행을 다녀왔습니다. 블루투스 스피커와 LED 전등이 달린 책장을 받기도 했습니다. 이 모든 것은 체험단으로 가능합니다.
　　그럼 어떻게 체험단을 신청할 수 있을까요? 두 가지 방법이 있습니다.

1. 체험단을 제공하는 중개 사이트에 가입해서 신청 후 제공받기
2. 체험단을 요청하는 사장님에게 연락해서 체험하기

첫 번째 상황을 이해하기 위해 내가 사업주라고 생각해 봅시다. 나는 고깃집을 운영하고 있고 리뷰를 써줄 블로거를 찾고 있습니다. 체험단 사이트에서는 블로거 10명당 ○○만 원을 지불한 뒤 블로거들에게 서비스를 제공하면 된다고 합니다. 이후에 블로거들이 전화나 문자로 예약한 후 가게를 방문하면 음식을 제공합니다. 블로거들은 7~14일 안에 블로그 포스팅을 합니다.

반대로 내가 블로거의 입장이라고 생각해 봅시다. 네이버 검색창에 '체험단'을 검색하니 여러 가지 사이트가 나오네요. 그중에서 가장 유명한 듯하고 사람들이 많이 사용하는 체험단을 2~3곳 골랐습니다. 사람들이 많이 사용한다는 것은 체험단 맛집 리스트 한 곳당 지원한 사람의 수가 1,000명이 넘는 것을 보고 알았습니다. 이제 모든 체험단 사이트에 블로그 주소를 입력해서 가입을 완료하고, 가고 싶은 곳에 지원을 했습니다.

일주일 뒤, 체험단에 뽑혔다는 메일을 받았습니다. 그래서 체험단이 된 블로거에게만 보이는 블로그 포스팅 가이드라인과 업체 사장의 번호를 받았고, 사장에게 '○월 ○일 ○시에 2명 방문, 예약이 가능할까요?'라고 연락하여 예약을 잡습니다.

예약한 날에 친구와 함께 해당 사업장에 방문해서 같이 밥을

먹으면서 맛집의 외관부터 메뉴판, 서빙되는 메뉴들을 꼼꼼하게 찍었습니다. 3일 뒤 사진과 함께 리뷰 글을 적습니다. 제공된 가이드라인에 맞춰서 키워드와 본문을 쓴 뒤 사진을 넣고, 대가성 문구(흔히 블로그에서는 '업체로부터 제품을 제공받고 쓴 포스팅입니다.' 혹은 '이 글은 ○○체험단으로부터 ○○을 제공받아 작성되었습니다.'라는 문구를 많이 넣습니다.)를 넣은 뒤 글을 발행했습니다. 보통은 이런 프로세스로 이뤄집니다.

제가 실제로 사용하거나 추천하는 체험단 사이트는 다음과 같습니다.

- **레뷰**(https://www.revu.net): 우리나라에서 가장 큰 체험단 사이트. 여러 가지 체험을 할 수 있고, 비싼 제품들이 자주 올라옵니다. 유명한 만큼 경쟁률이 높습니다.

- **슈퍼멤버스**(https://rank.supermembers.co.kr): 예약을 따로 하지 않고 당일에 방문이 가능한 체험단이 다수 있습니다. 매번 예약해야 하고 시간도 맞춰서 가야 하는 게 아니라서, 가장 많이 애용합니다. 다만 대부분의 체험단이 서울 근교에 있으며, 앱을 통해서만 체험단 이용이 가능합니다.

- **디너의 여왕**(https://dinnerqueen.net): 맛집 블로거라면 가입해

봤을 만한 곳입니다. 다양한 맛집이 올라와 있고, 오이나 당근 같은 실생활에서 유용한 먹거리와 술이 있습니다.

- **서울 오빠**(https://www.seoulouba.co.kr): 배송이 가능한 체험단이 많습니다. 의식주와 관련된 것이 많습니다. 캠핑 의자, 운동 기구, 신발, 화장품, 도서 등 다양한 상품이 올라옵니다. 또한 숙박업소, 여행 등의 체험단이나 기자단도 올라옵니다. 여러 니즈를 충족할 수 있는 체험 거리가 많으니 참고하세요.

- **포포몬**(https://popomon.com): 특히 숙박 체험단이 많은 곳입니다. 전국 곳곳의 숙박업체들이 올라오기 때문에, 여행 가기 전엔 들러 여행지의 숙박업체가 있는지 살펴보면 좋습니다. 보통의 숙박 체험단은 경쟁률이 높은데, 이곳은 그렇게 경쟁률이 높지 않다는 점이 매력적입니다.

- **구구다스**(https://www.99das.com): 화장품 체험단이 많습니다. 주로 폼클렌징, 클렌징 오일, 세럼, 이너뷰티 관련 제품 등을 체험할 수 있습니다.

- **티블**(https://www.tble.kr): 제품이나 맛집 외에도 풀빌라, 요트 투어, 마사지 등의 체험단이 종종 올라옵니다. 내 돈을 내고

하기에는 부담스럽지만 공짜로 체험한다면 기분이 좋아지는 상품들을 신청해서 이용해 보세요. 삶의 질이 올라갑니다.

두 번째는 메일이나 쪽지로 직접 연락이 오는 경우입니다. 보통 홍보비용을 아끼기 위해 사업주가 직접 연락을 합니다. 가끔 리뷰 가이드라인이 꼼꼼하지 않거나 정확하지 않을 수 있으나 제가 경험해 본 바로는 두 가지 방법 다 괜찮았습니다.

03

은행 이자보다 좋은
애드포스트

"애드포스트 심사에 합격하면 블로그 포스팅에 자동으로
애드포스트가 삽입됩니다. 은행 이자는 돈을 넣어야 받을 수
있지만, 애드포스트는 포스팅만 하면 나타납니다."

애드포스트는 네이버 블로그에 포스팅을 하면 달리는 광고입니
다. 티스토리 블로그의 구글 애드센스 같은 것이지요. 애드포스
트는 애드포스트 심사에 합격해야 블로그에 달립니다.
　심사 기준은 간단합니다.

· 만든 지 90일이 넘은 블로그
· 포스팅이 50개 이상 있는 블로그
· 최근 하루 평균 방문자 100명 이상인 블로그

제 블로그를 기준으로 하루에 1,000명만 들어와도 10만 원대는 족히 들어오더라고요. 꼭 도전해 보세요. 자본금이 있어야 이자를 받을 수 있는 은행 이자보다 포스팅을 통해 자동으로 들어오는 애드포스트가 훨씬 낫죠?

애드포스트를 시작하려면 애드포스트에 가입한 후 미디어를 등록해야 합니다. 검수 후 수입 지급 설정을 완료하면 애드포스트가 알아서 블로그에 달립니다. 미디어를 등록하면 검수(5영업일 정도 소요)를 통과한 뒤 수입을 네이버 페이로 받을 것인지, 개인 계좌로 받을 것인지 설정할 수 있고요. 단, 애드포스트의 조건에 부합하지 않는데 미디어를 등록하는 경우, 결과가 보류될 수도 있습니다. 조건에 부합될 때 등록하세요.

애드포스트 홈(https://adpost.naver.com/main) 가입하기
미디어 관리＞네이버 미디어 등록하기＞네이버 블로그 선택＞확인
미디어 정보 입력＞미디어 선택(내 블로그 선택)**＞선호 주제 설정**
(한 가지를 설정할 수 있으며 반드시 등록해야 합니다)**＞확인**
검수 후 애드포스트가 승인되었다는 메일을 받을 수 있습니다.

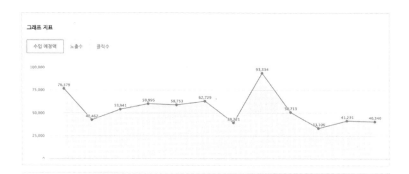

그래프 지표

수입 예정액   노출수   클릭수

76,379

59,995
53,941   58,753   62,729

93,334

47,467

58,713

39,281

41,235
33,106   40,340

N 애드포스트

미디어 등록이
보류 되었습니다

안녕하세요? 창작자님,
아래와 같이 미디어등록이 보류 되었습니다.

상세내용

미디어 구분	네이버 블로그
미디어명(URL)	http://blog.naver.com/favourable
사유	방문자(UV) 또는 페이지뷰(PV) 수가 부족합니다. 광고 매체로서의 효과를 위해 지난 달 기준 블로그의 방문자 수, 페이지뷰의 미디어 이용 지표를 심사합니다.블로그를 활발히 운영하신 뒤 다음달에 다시 검수를 신청하여 주시기 바랍니다.

04

리뷰 글만 써도 할 수 있는
제휴 마케팅
(쿠팡 파트너스 등)

"사용해 보고 좋은 물건이 있었다면,
제휴 마케팅을 할 수 있어요. 방문자들이 내가 쓴 리뷰 글에
삽입된 URL을 클릭하면 수익이 생겨요."

제휴 마케팅은 다른 사람이나 회사의 제품이나 서비스를 홍보해 주고 수수료를 받는 것입니다. 인플루언서 마케팅 허브(Influencer marketing hub)의 조사에 따르면, 제휴 마케팅 산업은 전 세계적으로 2023년에 약 143억 달러, 2024년까지 157억 달러로 성장할 것으로 예상되고 있습니다. 그만큼 큰 시장이지요.

세계적으로 가장 많은 제휴 물품이 있는 곳은 아마존 어소시어트(Amazon Associates)예요. 해당 프로그램은 20% 이상의 시장 점유율을 보유하고 있고요.

제휴 마케팅은 세계적으로도 많이 하는 프로그램이며, 해당 기

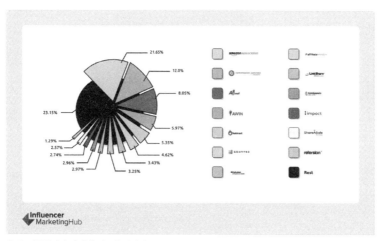

출처: 인플루언서 마케팅 허브 홈페이지

관의 설문 조사 중 하나에 따르면 SaaS(Software as a service: 소프트웨어 서비스 제공 모델)는 제휴 마케터에게 가장 수익성이 높은 카테고리 중 하나일 수 있다고 해요. 최대 수수료가 70%라고 하니 매우 높은 편입니다. 제휴 수수료는 제품에 따라 천차만별이니 참고만 하세요.

우리나라에서는 쿠팡 파트너스가 가장 유명합니다. 쿠팡에서 구입한 제품이 좋으면 쿠팡 파트너스에 가입하여 해당 제품을 홍보할 수 있어요.

쿠팡 파트너스 가입은 쿠팡 아이디로 바로 할 수 있습니다. 가입 후 해당 페이지에서 홍보하고 싶은 상품을 검색한 후 상품 페이지에서 [링크 생성] 버튼을 클릭합니다. 그러면 고유한 트래킹

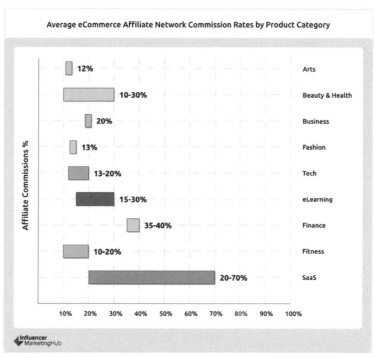

출처: 인플루언서 마케팅 허브 홈페이지

코드가 포함된 URL이 만들어지고, 이 링크를 내 블로그를 포함한 SNS에 올리면 제휴 마케팅을 간단히 시작할 수 있습니다.

　제휴 마케팅에서 가장 중요한 것은 사용자로서 솔직한 리뷰를 남기는 것입니다. 방문자들도 리뷰 글을 찾으면서 나의 글을 발견하는 것이니 원래 그 물품에 관심이 많다고 할 수 있습니다. 방문자들은 비슷한 가격대의 다른 제품들을 비교해 봐야 하는데, 여러

쿠팡 파트너스 화면

분이 제품의 장단점을 솔직하게 쓰고 관련 제품이나 서비스를 비교하여 공유해 주면 그 수고로움을 덜어주게 됩니다. 방문자는 여러분의 글로 인해 더 편안한 쇼핑 경험을 제공받을 수 있습니다.

문제는 같은 링크를 꾸준히 내 블로그에 쓰기 시작하면 내 블로그의 품질에 영향을 미친다는 것입니다. 네이버 외부로 가는 링크를, 그것도 같은 주소를 여러 번 쓰게 되면 홍보성 글로 분류될 수 있으니 조심하는 게 좋습니다. 그래서 제휴 마케팅 링크를 많이 쓰는 것은 추천하지 않아요. 간혹 가다 블로그 주제와 맞는 제품이 있다면 소개하는 정도는 괜찮을 듯합니다.

예를 들어, 육아 블로그를 운영하고 있다면 '8개월 아이 장난감'과 같이 8개월 아이에게 적합한 장난감을 쿠팡 파트너스 링크로 소개할 수 있습니다. 또한 다른 SNS의 프로필 링크에 걸어두는 것도 좋고요.

구독자가 꽤 많은 채널에서는 영상 아래에 쿠팡 파트너스 링크를 걸어두고 자동 수입을 만드는 분들도 있습니다. 오일 파스텔로 그림을 그리는 계정에서 쿠팡 파트너스의 오일 파스텔 링크를 걸어두면 구독자들이 구매하는 식이죠. 구독자들은 콘텐츠와 관련이 있는 것을 링크했을 때 반응을 보이니 구독자들이 원할 만한 것에 초점을 맞추면 됩니다.

제휴 마케팅에는 여러 가지 종류가 있으니 내 블로그의 결과 맞는 것을 찾아보세요. 참고로 제 블로그의 구독자들은 교육 분야에도 관심이 있어서, 영어 관련 소프트웨어나 서비스를 소개했을 때 반응도가 높았습니다.

제휴 마케팅을 통해 스픽이라는 영어 앱에 수백 명을 가입시키면서 느꼈던 것은 '이 서비스나 제품이 어떤 점에서 필요하고 뛰어난가'를 '개인적인 경험에 입각 및 정리'하여 보여주는 것이 굉장히 효과적이라는 거였어요. 물론 사람마다 스타일이 다르니, 자기에게 맞는 방법을 다방면으로 테스트해 보세요.

05

내 블로그에 만드는 상점, 블로그 마켓

"블로그 마켓에서는 이미 내 블로그나 콘텐츠를 신뢰하는 잠재 고객이 구매할 확률이 높기 때문에 카피라이팅을 치열하게 고민하지 않아도 자연스런 구매가 일어날 수 있습니다."

쿠팡, 스마트 스토어, 지마켓, 옥션, 11번가 등의 오픈 마켓처럼 상품을 판매하는 블로그 마켓도 있습니다. 블로그 마켓이 다른 점은 랜딩 페이지, 상세 페이지를 블로그 글로 대체할 수 있다는 것과 키워드 검색을 통해 들어온 방문자나 블로그 이웃들이 상품을 구매한다는 거예요.

블로그 콘텐츠는 판매 상품과 비슷한 결로 만드는 게 좋습니다. 가령, 커피 원두를 판매할 예정이라면 카페 소개나 홈카페 레시피 등을 올려서 판매할 물건에 관심을 가진 사람들을 끌어들이는 거죠. 옷을 판매할 예정이라면 어떤 사람들에게 어떤 옷을 팔

지 정하고, 20대 대학생을 타깃으로 했다면 새 학기 룩, 국내 여행지 룩 등을 콘텐츠로 공유하는 겁니다. 그것을 검색하여 들어온 사람들이 판매 상품을 자연스럽게 구매할 수 있도록 사용자가 질문하거나 궁금해 할 수 있는 것들은 상세하게 본문에 써두는 게 좋고요.

블로그 마켓은 유튜브 쇼핑, 인스타그램 마켓, 틱톡 시리즈 기능과 비슷하지만 좀 더 자유로운 편입니다. 많은 양의 텍스트를 넣을 수 있고, 무엇보다 인스타그램처럼 비주얼이 중요한 마켓이 아니다 보니 오히려 '실생활에서 어떻게 보이는지' 좀 더 현실적으로 올려도 반응을 얻을 수 있습니다.

이미 내 블로그나 내 콘텐츠를 신뢰하는 잠재 고객이 구매할 확률이 높기 때문에, 카피 라이팅을 치열하게 고민하지 않아도 자연스러운 구매가 일어날 수 있습니다. 판매자에 대해 이미 신뢰하고 있는 사람들이 결제할 가능성이 높겠죠?

스마트스토어에서 물건을 판매해도 되지만, 블로그에 글을 올리면서 자연스럽게 상품을 등록할 수 있다는 점이 판매자 입장에서는 훨씬 덜 수고롭습니다. 상세 페이지를 따로 만들지 않아도 되고, 결제 기능이 탑재된 블로그 글을 발행할 수 있습니다. 본격적으로 온라인 쇼핑몰에 입점하여 셀러 활동을 하기 전에 맛보기로 해봐도 괜찮습니다.

하지만 블로그 마켓은 블로그를 가지고 있다고 무조건 만들 수 있는 건 아니에요. 일단 블로그 마켓에 가입하고 승인을 받으면 운영이 가능합니다. 단, 블로그 마켓을 가입하려면 몇 가지 조건이 필요합니다. 사업자등록증이 있어야 하는데, 이는 최소한의 신뢰를 위한 장치입니다.

1. 개인 사업자는 자신의 블로그 아이디로 신청해야 함
2. 최근 1년간 직접 작성한 전체 공개 발행 글이 3개 이상(스크랩/공유/단순 메모글 제외)
3. 블로그 마켓에 등록 불가한 상품, 서비스를 판매 중일 시 가입 불가(KC 인증 상품 및 안전 기준 준수 대상 생활용품만 판매 가능)
4. 온라인 판매 불가 또는 불법 상품을 판매 또는 판매 이력이 있거나, 기타 블로그 마켓에 적합하지 않다고 판단될 경우 가입 불가

가입 심사는 영업일 기준으로 최대 5~6일이 소요됩니다. 블로그 마켓에 가입한 후 블로그에 상품 정보를 등록할 수 있습니다. 등록한 상품은 마켓 상품 블록에 자동으로 노출됩니다. 판매자 전용 기능으로는 마켓 블록, 상품 모아보기, 플로팅 등이 있습니다. 모바일 블로그 홈과 네이버 검색 결과, 상품 사진에 마켓 블로그가 표시됩니다. 가입 신청 시 작성한 사업자 정보는 블로그 내의 판매자 정보로 자동 등록 및 노출이 됩니다.

한 가지 주의할 점이 있습니다. 네이버 블로그는 광고성이 짙은 글을 좋아하지 않습니다. 그러니 아무리 블로그 마켓에 가입했더라도 잠재 고객에게 도움이 되는 정보나 팁을 함께 주어야 합니다. 예를 들어, 여름이라면 여름 우비를 소개하면서(시즌성에 부합) 다른 우비에서 아쉬웠던 점, 이 우비가 다른 우비와 어떻게 다르기 때문에 어떤 점을 편하게 느낄 수 있는지 등을 세세하게 써두는 거죠. 사용자가 그 글을 판매글로만 인식하거나 글의 가치가 높지 않다면 블로그에 들어온 사람들이 빠르게 이탈하면서 머무르는 시간도 줄어들 거예요. 사용자가 머무르는 시간은 블로그 등급에 영향을 줄 수 있습니다.

06

직접 의뢨 받아서 돈 벌기
: 크몽

**"크몽은 사용자 수가 많고 홍보도 적극적으로
하는 기업이니 나만의 재능이 있다면
크몽을 꼭 이용해 보세요.
블로그로도 이런 서비스를 론칭할 수 있으니
고려해 보세요."**

크몽은 재능을 판매할 수 있는 사이트입니다. 디자인, 마케팅, 영상/사진, IT/프로그래밍, 사진/VOD, 투잡/노하우, 취미 레슨, 심리 상담, 운세까지! 어떤 재능이어도 좋아요. 개인의 재능을 필요로 하는 사람들을 크몽에서 만날 수 있습니다. 재능이 한 건 판매될 때마다 판매가의 약 70% 정도를 정산 받을 수 있습니다. 판매 건수가 쌓일수록, 스스로 홍보하는 링크를 사용할수록 이 비율은 달라집니다.

저는 네이버 인플루언서가 된 뒤에 크몽에 내 재능을 팔아보면 어떨까 하고 생각했습니다. 그래서 직접 의뢰를 받을 수 있도록 전문가 등록을 한 뒤 의뢰가 들어오면 포스팅별로 돈을 받고 제 블로그에 의뢰받은 상품이나 서비스를 업로드하는 서비스를 론칭하면 괜찮겠다는 느낌이 오더라고요.

하지만 여태 그렇게 하는 분들을 본 적이 없기에 비슷한 시장을 조사하기 시작했습니다. 여기서 비슷한 시장이란, '내 블로그에 들어오는 사람들이 자주 이용할 법한 서비스'를 말합니다.

크몽에는 블로그 체험단을 구해주는 업체들이 많은데, 이 서비스도 잘되는 편이었어요. 그래서 크몽과 비슷한 서비스의 모든 리뷰를 살펴봤습니다. 체험단을 의뢰하는 사업자는 상위 노출이 된 블로그 글로 사업장이 좀 더 나아지길 바라는데, 체험단 중개 사이트만 믿어도 될지에 대한 의문을 가진 분들이 많아 보였습니다.

그래서 저는 '상위 노출을 보장하지는 않지만, 일단 저렴하게 글을 작성한다. 다만 상위 노출이 되어도 추가 요금이 없다.'는 내용을 강조했습니다. 또한 제 계정이 네이버 인플루언서이고 약 10년 동안 블로그를 했다는 사실과 그간 상위 노출을 시킨 사례가 많다는 점을 통해 저에게 노하우가 있음을 강조했습니다.

서비스를 오픈하자 문의가 쏟아져 들어왔어요. 큰 기대 없이 도전했던 이 서비스로 꽤나 쏠쏠한 용돈벌이를 했습니다. 의뢰한 분들은 대체로 만족을 표시했고, 환불 요청 시에는 환불도 해주었습니다. 그 과정에서 부족한 점을 여쭤보며 서비스를 업그레이드해 갔습니다.

다음은 제 서비스에 대한 리뷰들입니다.

받은 리뷰

★ ★ ★ ★ ★ **4.8 (28)**

실제 크몽을 통해 구매한 이용자들이 남긴 리뷰예요.

★ **5.0** | 22.06.20 21:14 | K51*****

이번에도 완벽하세요
정성포스팅에 노출까지 굿

일 평균 7천 인플루언서 블로거가… | 작업일 : 3일
주문 금액 범위 : 10만원 - 20만원

★ **5.0** | 22.04.04 08:35 | Hbr*****

친절하시고 좋은 퀄리티 감사합니다-^^

일 평균 7천 인플루언서 블로거가… | 작업일 : 24시간이내
주문 금액 범위 : 5만원 - 10만원

★ **5.0** | 22.03.03 15:13 | K51*****

두말할거 없이 모든게 완벽합니다.
늘 최고이십니다.

일 평균 7천 인플루언서 블로거가… | 작업일 : 24시간이내
주문 금액 범위 : 10만원 - 20만원

아나의디자인   22.03.03 15:28

감사합니다^^ 이번 작업도 대표님 덕분에 정말 수월하게 잘됐네요-- 덕분에요---

이렇게 제 블로그에서 상위 노출이 잘 되는 사업장에서는 다른 곳에도 저를 소개했고, 그렇게 일거리는 꾸준히 늘어나기 시작했습니다. 하루에 두 곳 이상을 방문하여 사진을 찍고 포스팅을 정성스럽게 했지요. 다만 한 분야를 쭉 파야 더 유리한 블로그의 특성상 아무 포스팅이나 받기는 힘들어서 가끔은 서비스를 쉬고 제

분야의 포스팅에 집중하다가 다시 서비스를 오픈하곤 했습니다. 크몽은 사용자 수가 워낙 많고 홍보도 적극적으로 하는 기업이니 나만의 재능이 있다면 크몽을 꼭 이용해 보세요. 블로그로도 이러한 서비스를 론칭할 수 있으니 고려해 보고요.

크몽에 재능 판매자로 등록하고 서비스를 론칭하는 방법을 알아보겠습니다.

1. 크몽에 가입하기
2. 전문가로 등록하기(개인 전문가 인증은 별도의 승인 절차 없이 완료되므로, 서비스 및 프로필 등록을 진행할 수 있습니다.)
3. 서비스 등록하기
4. 검수 후 서비스 판매 개시

서비스를 등록할 때 주의해야 할 점은 다음과 같습니다.
※승인 불가 키워드: 전문가 프로필, 서비스 제목·설명·이미지에 다음 키워드가 포함된 경우 승인이 거절될 수 있습니다.

1. 결과 보장: 상위 노출, 1페이지 보장, 노출 보장, 월 보장, 1~5위, 상단 노출 등
2. 네이버 관련: 네이버 이름, 로고, 캡처 화면 등 연상되는 일

체의 내용

3. 여론 형성: 침투, 맘카페 바이럴, 특정 카페 바이럴

4. 리뷰 조작: 영수증 요청, 댓글 N건, 후기형, 질의응답형, 댓글 등

5. 작업 방식: 회원인 것처럼, 자연스럽게, 티 나지 않는 등

6. 연락처 노출: 전화번호, 카카오톡 ID, 이메일, 홈페이지 링크 등 접속 가능한 모든 링크

7. 어뷰징성: 매크로, 프로그램 등을 사용하는 불법 서비스 등

8. 기타 검증 불가하거나 과장된 내용

또한 서비스를 등록할 때는 구매 고객에게 구매 후 자동으로 전달되는 '요청 사항'을 작성할 수 있습니다. 어떤 작업을 원하는 지, 포스팅을 할 때 원하는 것이 있는지 등 궁금하거나 필요한 것들은 미리 질문으로 적어서 제출하세요. 질문 작성 후 반드시 답변을 받아야 하는 질문에는 '필수 입력 항목'을 체크하세요. 이렇게 해두면 의뢰인이 반드시 답변을 해야 해서, 일이 수월하게 진행됩니다.

제 경우에는 두 가지 내용을 꼭 질문으로 넣었습니다.

어떤 사업장을 운영하고 계신가요? 서비스라면 어떤 서비스인 지 설명해 주세요. > '서술형' 답변으로 체크하기

해당 건은 상위 노출을 100% 보장하지 않습니다. 동의하십니까? > 응답에 '예'만 넣어두기

내가 제공하는 서비스를 피력하고, 초기 리뷰에 신경을 쓰세요. 긍정적인 리뷰가 조금씩 달리면서 문의가 더 들어올 거예요.

07

혼자서 전자책 만들고 팔기
: 크몽

"그동안 블로그에 쌓아 두었던 포스팅을 묶어
좀 더 세세한 내용을 쓰면 책이 됩니다.
전자책 발행은 내가 판매하거나 서비스하는 것들의
전문성에 힘을 실어주고 새로운 일을
제안받을 수 있는 판을 하나 더 갖게 해줍니다."

전자책(E-book)을 판매하면 한 달에 몇 천만 원씩 매출이 나온다고 하는 사람들이 있는데요. 실제로 가능한 일입니다. 이제 시작하는 입장에선 큰 금액을 목표로 하지 말고, 천천히 스텝을 밟아나가는 것에 집중하세요.

지금부터 알려드리는 사이클만 제대로 돌려도 여러분은 작가가 될 수 있습니다. 수많은 곳에서 제안을 받을 수 있는 판을 만들게 되고, 내가 가진 전문성에 더 확실한 힘이 실립니다. 더 나아가 원한다면, 지식 창업을 할 수 있게 될 거예요. 블로그라는 무기가 있잖아요. 그간 블로그에 써두었던 포스팅을 묶어 좀 더 세세한 내용을 쓰면 바로 책을 낼 수 있습니다.

전자책을 만들기 전에 큰 그림부터 그려보자고요. 먼저 내가 만들고자 하는 전자책이 사람들의 니즈를 충족할 수 있는지, 가격이 니즈보다 저렴한지를 꼼꼼히 따져보세요. 저는 상품을 판매할 때, 상품이 줄 수 있는 가치를 가격으로 환산했을 때의 10~20% 정도를 가격으로 잡습니다.

예를 들어 이런 것이죠. 남자를 100명 이상 만나 본 여자가 책을 낸다면, 내가 원하는 남자와 만나고 싶은 여성, 짝사랑만 하다가 늘 실패하는 여성 등 원하는 남자를 만나고 싶은 사람들이 이 책을 구매하려고 할 거예요. 사람은 감정적으로 구매를 결정하기 때문에 사랑이라는 감정을 중심에 둔 이 책의 가치를 가늠하기가 어렵습니다.

그렇다면 이 분야에 대한 니즈는 충분할까요? 연애 유튜버들이 판매하는 강의와 전자책의 가격을 조사해 보세요. 그중 한두 개는 직접 소비도 해보세요. 실제로 겪어봐야 내용이나 값어치를 내 상품과 비교하며 어느 정도의 가치가 있다는 것을 측정할 수 있습니다.

리뷰도 살펴보세요. 서비스를 기획할 때 타깃으로 하는 사용자의 입장에서 아쉬운 점과 좋은 점이 무엇인지 골라서 내 서비스에 옥석만 적용한다면, 비슷한 상품이지만 힘 있는(계속해서 사람들이 찾고, 매출을 내는) 상품이 될 수 있습니다. 그리고 그중에서도 내가

정한 타깃이 왜 내 책을 읽어야 하는지, 읽으면 어떤 도움이 되는지를 고민해 본 뒤 이것을 바탕으로 서비스 소개글과 전자책을 집필하기 시작하면 됩니다.

내 이야기를 어디서부터 어디까지 진솔하게 다룰 것인지, 독자 페르소나는 무엇인지 정하고, 어떤 느낌으로 나를 포지셔닝할 것인지를 고민하면서 책을 쓰면 되는데요. 먼저 독자가 정말 궁금해 할 만한 부분을 꼭 짚어서 그 부분들을 위주로 글을 쓰세요.

앞에서 말한 책이라면, 저자는 왜 남자를 100명이나 만나게 됐는지, 어떻게 그게 가능했는지, 가능하다면 솔직하게 써보는 겁니다. 어디까지 공개할지 마지노선을 정해두고요. 하지만 이게 스킬을 나누는 책이 아니라 에세이라면 '창자까지 꺼내서' 담는 느낌으로 써야 할 수도 있습니다. 에세이의 맛은 또 따로 있으니까요.

만약 정보 전달용 책이라면, 좋아하는 남자가 있지만 용기를 못내는 사람/좋아하는 사람과 이어지지만 오래 사귀지 못하는 사람/소개팅이나 술자리 등 이성이 있는 자리에서 본인이 원하지 않는데도 늘 이성과 친구가 되는 사람/남자를 많이 만나고 싶은 사람으로 독자를 특정할 수 있겠죠. 그리고 이들이 구체적으로 어떤 게 궁금할지를 생각해 보는 겁니다. 네이버 카페에 올라오는 질문들을 봐도 좋습니다. 연애 관련 카페에서 사람들이 주로 고민하는 것, 많이 물어보는 것을 주제로 목차를 구성하는 거죠.

전자책의 분량은 정해진 게 없습니다. 만약 정보 위주의 책이라면 그 정보만을 담아서 빠르게 내보내는 것도 방법이고, 꼼꼼한 검수가 필요한 경우에는 시간이 걸리더라도 치밀하게 봐야 합니다. 에세이와 소설이라면 다음 내용이 궁금해 미칠 수밖에 없게 만드는 스토리 라인과 정서가 중요하고요. 갈래에 맞게 작성하면 됩니다.

어느 정도 가닥이 나오면 제목을 정해야 합니다. 책 제목에는 독자들이 궁금해 할 만한 것이 키워드로 담겨 있어야 합니다. 또한 직관적으로 이해가 가야죠. 아무리 좋은 내용이라도 독자들이 알아들을 수 없다면 독자들이 그 많은 책 중에서 꼭 내 책을 사야 할 이유가 없습니다.

크몽에서 제공하는 전자책 만들기 가이드를 참고하여 내보내기를 하세요. 저작권 문구, 무료 폰트, 워터 마크 등의 가이드라인을 준수하지 않으면 서비스 심사가 반려될 수 있습니다.

폰트는 무료 폰트를 사용하는 게 좋습니다. 네이버 무료 폰트나 눈누 상업용 무료 한글 폰트 같은 경우 상업용으로 사용해도 저작권에 걸리지 않습니다. 사진 또한 저작권 여부를 확인한 후 사용하세요. 특히 원작자가 있는 경우에는 허락을 받지 않고 사용하면 안 됩니다. 사진을 직접 찍거나 이미지를 만들어서 사용하는 것이 가장 좋습니다.

제목은 책 내용을 명확하게 보여줄 수 있는 키워드 위주로 구

성하세요. 허위/과장 광고 위험성이 있는 문구(매출/수익 보장, ○%
상승, ○만 원 버는 법 등)를 사용하는 경우에는 판매 승인이 불가합
니다. 그리고 책에는 저작권 문구와 워터 마크를 넣어야 합니다.
좀 더 자세한 내용은 크몽의 전자책 가이드라인에서 확인하세요.

08

블로그에서 나를 알려
외주로 돈 벌기

**"외주를 받거나 새로운 서비스를 론칭하고 싶을 때,
'내 기술이나 서비스를 원하는 사람이 있을까?'를 예상해 보고
비슷한 시장의 리뷰를 조사해 보세요."**

블로그가 좋은 점은, 내가 잘하는 부분에 대해 업로드를 해보고 시장의 반응을 파악할 수 있다는 거예요. 내가 올린 글을 찾아 들어온 방문자가 만약 나에게 일을 의뢰하고 싶다면 댓글로 물어봅니다. 의뢰를 하고 싶은데 진행은 가능한지, 어떻게 진행이 되는지를요. 가장 좋은 점은 블로그에 올린 글을 통해 의뢰자가 들어오면 별도의 수수료가 없다는 겁니다. 얼마나 좋은 공간인지요.

저는 시각 디자인을 전공했고, 프리랜서 디자이너로 일했습니다. 생각보다 많은 분들이 프리랜서를 할 수 있는 기술과 능력치가 충분한데도 프리랜서로 일하는 법을 모르고 있었습니다. 어떻

게 시작해야 할지 감을 잡기가 어렵다는 분도 많습니다.

시작은 간단합니다. 블로그로 사람들을 많이 끌어 모은 뒤(새로운 고객 유입하기), 좋은 결과물로 만족시키고(서비스 만족도 높이기), 단골을 만들면(꾸준히 매출이 나오게 만들기) 됩니다. 내가 가지고 있는 스킬이 차별화가 된다고 생각한다면, 꼭 한번 도전해 보세요. 여기서는 제가 가진 디자인 스킬을 블로그에 공유해서 수익을 얻었던 이야기를 해보겠습니다.

Step 1. 내 분야에서 실력과 단가 조사하기

크몽이라는 재능 판매 사이트에 가격이 가장 크게 보이게 만들었습니다. 가격이 투명하게 공개되어 있기 때문에 내 실력(경력)과 비슷한 분들이 얼마를 받는지 대강 알 수 있었어요. 내가 받고 싶은 만큼 가격을 책정해도 좋지만, 나를 냉정하게 평가해서 클라이언트가 합리적이라고 판단할 만한 가격을 정하세요.

Step 2. 거래가 많은 사이트나 계정에서 후기 살펴보기

일단 후기(평가)가 많은 곳에 들어가서 사람들의 후기를 살펴봅니다. 사람들이 '이런 점이 좋았다'라고 써둔 걸 잘 정리해 두세요. 그러면 사람들이 어떤 부분을 만족하고 어떤 부분을 필요로 하는지 알 수 있습니다. 그것들을 참고해서 내가 가장 내세워야 할 '무기'로 설정하는 겁니다.

예를 들어, 다음과 같은 후기가 있다고 해봅시다.

"이 디자이너는 다른 곳과 다르게 수정을 5회나 해준다. 완벽하게 내가 마음에 들 때까지 수정해 주는 게 너무 좋았음!"
-별 5개 김**님의 후기

이런 내용이 독보적일 때 '수정을 5회(혹은 그 이상) 해서 마음에 들 때까지 로고 디자인을 해드립니다'라는 제목을 쓰는 겁니다. 이게 주제이고 가장 내세워야 할 무기가 되는 거죠. 물론 수정을 만족할 때까지 해준다면 몸과 정신이 피폐해질 수 있으니, 저라면 이런 내용을 강점으로 잡지는 않을 것 같습니다.

가격도 중요합니다. 다만 가격을 저렴하게 책정할수록 내가 바라지 않는 퀄리티의 고객, 예를 들면 수정을 밤낮으로 해달라, 이런 건 그냥 해달라, 100만 원짜리를 10만 원에 해달라 등의 무리한 요구를 할 확률이 높습니다. 가격대에 따라 고객의 성향이나 상황, 환경이 달라집니다. 그 점을 고려한다면 너무 저렴한 가격은 피하세요. 하지만 스킬을 쌓고 포트폴리오를 만들고 싶다면 도전해 보세요.

Step 3. 주제에 맞는 포트폴리오를 구성하고 서비스 출시하기

사업자 등록은 아직 고민하지 마세요. 정기적인 수익을 얻기 전에는 사업자 등록을 안 해도 됩니다. 나중에 꾸준히 영업 이익이 나게 되면 그때 고민하세요. 지금은 일단 수익이 나는지 안 나는지 테스트부터 해봐야 합니다.

우선 블로그에 론칭하고자 하는 주제를 외주로 받는다는 글을 올리세요. 내가 만든 주제에 맞게 포트폴리오를 구상합니다. 저는 기획이 탄탄한 포트폴리오를 만들었어요. 그리고 서비스 설명에 기획이 탄탄한 브랜딩을 주제로, 소상공인에게 적합한 가격을 내세웠습니다.

Step 4. 이제는 수익성을 검증할 시간입니다

저는 기획이 튼튼한 디자인을 좋아합니다. 논리적으로 타깃이 원하는 것이 무엇이고, 지금 상황에서 어떻게 브랜딩을 하면 될지 기획한 뒤 고객과 커뮤니케이션을 합니다. 그 과정을 거친 뒤 디자인을 시작합니다. 소상공인을 타깃으로 해서 도움이 되는 디자인, 그리고 현실적으로 비용이 덜 드는 스티커나 배너, 메뉴판 등의 인쇄물 및 웹디자인을 진행했습니다. 간판이나 시공사가 붙어야 되는 것들은 일체 하지 않았어요. 그러니 작은 규모지만 외주 작업이 들어왔습니다.

출발점은 모두가 똑같을 거예요. 경쟁 상대가 많기 때문에 처음에는 의뢰가 많지도 않을 거고요. 그래서 무료로 내가 가진 재능을 나눠주는 오픈 이벤트를 진행하거나(관련된 이벤트 글을 블로그에 포스팅하는 거죠), 내 블로그에서 본격적으로 홍보 활동을 병행하는 게 좋습니다.

그래도 반응이 없다면, 니즈가 너무 좁거나 넓은 건 아닌지, 타깃이 너무 좁거나 넓은 건 아닌지, 내가 실력이 없거나 가격을 잘못 조정했거나, CS나 리뷰 관리가 적합하지 못했는지 등 문제점을 살펴보세요.

문제점을 찾았다면 없애는 데 집중하세요. 사람들이 좋다고 하는 피드백은 더 강화하고, 안 좋은 부분은 빨리 버리세요. 내가 할 수 있는 거라면 수정하고요. 될 때까지 수정해 보는 겁니다. 처음부터 잘되는 게 얼마나 되겠어요? 그냥 될 때까지 하는 거죠.

외주를 받거나 새로운 서비스를 론칭하고 싶을 때, '내 기술이나 서비스를 원하는 사람들이 있을까?'를 예상해 보고 비슷한 시장의 리뷰를 조사해 보세요. 사람들이 원하는 본질에서 벗어나지 않으면서 형태를 다르게 한다는 느낌으로요.

예를 들어 홍대 입구의 타로/사주 카페에는 연애운이 궁금한 20대 여자 손님들이 많습니다. 그 연령대의 관심사가 연애이고, 젊은이들이 많은 거리이다 보니 오며 가며 보이는 사주 카페에서 타로나 사주를 본다고요. 그래서 가격을 적당하게 측정하고, 메뉴판에도 연애운을 강조해서 써둔다고 해요.

반면 강남의 대로변을 피해 구석진 곳에 있는 타로/사주 카페에서는 '사업운, 금전운'을 강조해요. 연애운보다는 일이나 돈이 궁금한 손님들이 많다고요. 사업운과 금전운을 어떻게 봐주는지 강조하면서, 가격도 다른 곳보다 비싸고 시간도 짧게 잡는다고 합니다. 비교적 비싼 값을 지불할 의사가 있는 사람들이 많이 오는 곳이라는 것을 파악하고 가격을 결정한 거죠.

어떤 거리에 어떤 손님들이 오고, 그들이 원하는 것이 무엇인지를 파악한 뒤 내 사업장에 잘 적용한 사례입니다. 만약 내가 원하는 다른 서비스가 있다면 이 부분을 충분히 고려하고 시작해 보세요. 블로그에서는 무엇이든 도전할 수 있습니다.

09

밑천 없어도 시작할 수 있는 강의·컨설팅

"내가 가진 무기는 무엇이고, 시장에서 수요가
얼마나 되는지 찾아본 뒤 그것에 맞는 상품을
강의나 컨설팅의 형태로 나눠줄 수 있습니다."

외국의 크루즈 상품을 팸투어하러 가야 했던 적이 있었어요. 사장님이 이런 질문을 하셨어요.

"크루즈에서 식사할 때 순서대로 어떤 수저를 써야 하는지 알고 있니?"

평범한 대학생이자 사원이었던 저는 놀랄 수밖에 없었습니다. 밖에서부터 안으로 놓인 숟가락, 포크, 나이프를 순서대로 써야 하고, 디저트용 스푼이 따로 있고, 야채 및 생선, 고기를 써는 데 쓰는 나이프와 포크도 다 다르더라고요. 이 순서를 배우며 이런 생각을 했습니다.

'이걸 모르는 사람들이 크루즈에 가게 되면 당황할 수도 있겠는 걸? 그런데, 이건 어디서 교육을 받을 수 있을까? 인터넷으로 대충 찾아볼 순 있지만 직접 체험해 보고 가보면 참 좋을 텐데.'

숟가락, 포크, 나이프의 용도와 모양이 다 다르다는 것을 처음으로 알게 된 저는 실제로 수저들을 사용해 볼 수 있는 수업이 있으면 좋겠다고 생각했습니다. 여기에는 나의 부족한 문화적 자본을 들키고 싶지 않은 마음, 나도 크루즈에 온 손님들처럼 교양 있어 보이고 싶은 마음이 있었던 거지요.

이렇게 개인이 가진 결핍이나 욕구는 다양하기 때문에 의외의 시장이 존재합니다. 내가 가진 무기는 무엇이고, 시장에서 수요가 얼마나 되는지 찾아본 뒤 그것에 맞는 상품을 강의나 컨설팅의 형태로 나눠줄 수 있습니다. 이것을 상품화할 때 강의냐, 컨설팅이냐, 코칭이냐, 그룹 챌린지냐, 전자책이냐, 템플릿이냐 등 여러 형태를 선택할 뿐인 거고요. 어렵지 않습니다. 요즘은 이것을 '지식 창업'이라고 부릅니다.

'지식 창업'이라고 하면 '진짜 내가 아는 게 많아야 할 수 있는 것'이라고 생각합니다. 가령 개발이라면 20년 이상의 경력을 가지고 있어야 할 것 같고, 중고등 학생 과외라면 공부를 잘하는 비상한 머리를 가지고 있어야 할 것 같고, 디자인이나 마케팅이라는 수요가 높은 기술이 있다면 대기업에서 팀장급 이상을 해본 사람만이 할 수 있다고 생각하죠. 이런 기술을 가진 사람들은 많으니까요.

하지만 이것은 착각입니다. 지식(知識)의 의미는 다음과 같아요. (출처: 네이버 한자 사전)

1. 어떤 대상에 대하여 배우거나 실천을 통하여 알게 된 명확한 인식이나 이해
2. 알고 있는 내용이나 사물

인지적으로 알고 있든, 경험으로 터득한 것이든, 지혜로 깨우친 내용이든, 아는 것을 재구현해 내는 것이든, 사람마다 깊이와 인지적 수준에 따라 천차만별로 다르게 해석할 수 있는 게 '지식'입니다. 상대에 따라 필요로 하는 지식의 내용과 깊이와 형태는 다를 수밖에 없습니다. 그러니 우리가 가진 어떤 앎이든 이것을 필요로 하는 사람들의 마음을 읽어낼 수만 있다면 상품화할 수 있습니다.

지식 창업은 지능과 기술이 아닌 '감수성'의 싸움입니다. 사람들이 무엇을 원하는지 꼼꼼하게 뜯어보고, 행동 뒤의 마음을 읽어낼 수 있을 때 가장 강력한 상품을 기획할 수 있습니다. 드넓게 관망하고, 촘촘하게 공명하는 것이죠. 크루즈에서의 식사법을 배우고 싶어 했던 배움에 대한 욕구가 실상은 문화적 자본의 밑천이 드러나는 것에 대한 수치심이 시발점이었다는 것을 콕 짚어본 것처럼요.

다음의 순서를 통해 강의나 컨설팅을 시작해 보세요. 다음의 순서

대로만 진행한다면, 맨땅에 헤딩하는 것보다 훨씬 수월할 거예요.

1. 내가 잘하거나 질문을 많이 받는 것 열 가지 적기
2. 그중에서도 가장 많은 질문을 받았던 것 세 가지 꼽기
3. 질문을 했던 사람들의 의도 파악하기(왜 그게 궁금했고, 무엇을 궁금해 했고, 어떻게 물어봤는지 생각하기)
4. 키워드 찾아보기(사람들이 많이 찾는 내용인가 아닌가, 판다랭크에 서 찾아보는 것 추천. 만약 월 3,000회 이하의 검색량만 있는 것이라면 그 주제는 추천하지 않습니다.)
5. 이것에 대한 내용을 내 블로그에 포스팅하기

예시: 평소 와인에 대한 정보 나누는 것을 좋아하는 경우

'와인 마시는 법' '초보자가 마시기 좋은 와인 추천' '갓성비 와인 추천' 포스팅하기

6. 댓글에 궁금한 내용들이 달리면, 그 내용을 주제로 강의나 컨설팅 기획하기

예시: '초보자가 마시기 좋은 와인을 추천하는 기준이 무엇인가 요?'라는 질문이 댓글로 달리면 그것을 구체화하여 와인에 대해

구체적으로 알고 그 문화를 향유하고 싶은 사람을 대상으로 강의 안을 만들고 컨설팅 기획하기

7. 강의는 원하는 형식대로 촬영하고 편집한 뒤 유튜브 링크를 가진 사람들만 볼 수 있는 링크로 업로드하기
8. 상품 소개 포스팅을 하고, 포스팅을 통해 계좌 이체나 페이 앱으로 강의 팔아보기

강의 문의가 들어오면 유튜브 링크 주기, 컨설팅 문의가 들어오면 언제 어디서 만나서 몇 시간 동안 어떤 것을 알려주는지 약속한 뒤 결제 받고 만나기

9. 결제 후 리뷰를 받고, 불만족한 리뷰가 있다면 그 부분을 수정해서 상품을 포스팅해서 한 번 더 팔아보기

처음에는 이런 사이클로 가볍게 돌려보세요. 하나하나 하다 보면 품이 꽤 많이 듭니다. 단, 한 사이클만 돌리면 사이클을 크게 벗어날 일이 많지 않습니다. 너무 거창하게 생각할 것도, 너무 어렵게 돌아갈 필요도 없습니다. 이대로만 해보세요.

10

포장이 중요한 이유,
돋보이는 글쓰기

"똑같은 글이라도 표현을 어떻게 하느냐에 따라서
충분히 매력적인 글이 될 수 있습니다."

사람마다 가지고 있는 메시지, 어휘, 생각은 다릅니다. 그래서 모든 사람들의 글은 다를 수밖에 없어요. 그래서 누군가는 좋다고 하는 책이 나에게는 별로인 경우가 많지요. 하지만 난다 긴다 하는 사람들의 글은 하나같이 '와!' 하는 감탄사를 내뱉게 되지 않나요? 글 잘 쓰는 사람들의 특징은 다음의 세 가지 정도입니다.

1. 글감(글의 재료) 자체가 신선하다
2. 글감이 평범하더라도 메시지가 남다르다
3. 글감과 메시지가 평범하더라도 그걸 끌고 가는 맥락이 뛰어나다

글감 자체가 신선해

일상적인 소재에 대해 글을 쓰는 사람들이 신기하지 않나요? 똑같은 일상인데 어떤 순간을 콕 짚어서 확대하고, 돌아서 생각해 보고, 멀리서 보기도 하잖아요. 그런 글들을 보면서 '어떻게 이런 생각을 하지?'라고 생각해 본 적이 있을 거예요.

간단히 예를 들어볼게요.

하나, 《왜 나는 너를 사랑하는가》에서 주인공이 클로이의 벌어진 앞니를 보며 오만 가지 상상을 하는 부분이 있습니다. 글쓴이는 '벌어진 앞니'라는 디테일한 글감으로 감정선을 표현합니다.

둘, 《500일의 썸머》라는 영화가 있습니다(대본도 글인데, 글이 영상화된 게 영화니까 예시로 가져왔어요). 남자는 여자를 보며 생각해요. '목에 있는 하트 모양 점이 좋다'고요. 시간이 지나 권태를 느끼며 남자는 그 하트 모양 점을 '바퀴벌레 모양의 얼룩'이라고 표현합니다. 권태를 어떻게 이런 글감으로 쪼개어 갖고 왔을까요?

글감이 평범하더라도 메시지가 남다르다

누구나 쓰는 재료를 가지고 와도 메시지가 남다른 경우가 있습니다.

예를 들어, 《인생 학교: 섹스-섹스에 대해 더 깊이 생각해 보는 법》에서 저자 알랭 드 보통은 '섹스'라는 평범한 글감을 선택했습니다(누구나의 입에 한 번쯤은 오르내리는 주제라면 평범한 글감이지요). 그런데 메시지는 전혀 다릅니다.

저자는 인간은 다른 동물들처럼 '종족 번식'을 위해 성생활을 하도록 프로그래밍이 되어 있다고 말하는 '진화 생물학'을 강력하게 반대합니다. 진화 생물학이 종족 번식이라는 존재 이유에 대해서는 잘 설명할 수 있지만, 인간이 특정 상대와 섹스를 하고 싶어 하는 동기의 실마리는 설명하지 못한다고요. 저자는 이 동기의 실마리를 '결핍에의 충족'이라고 표현합니다.

글감＋메시지가 평범해도 그걸 끌고 가는 맥락이 뛰어나다

맥락은 어떤 사물이나 대상 등이 서로 연결되어 있는 관계라는 뜻이에요. 글과 글 사이의 연결성을 보는 것인데요. 글 안에서의 생각이 다른 생각으로 이어지는 맥락도 포함되고, 비유를 통해 생각지도 못한 어휘가 등장할 때에도 이 경우에 해당합니다.

시를 예로 들 수 있어요. 시는 함축적이고, 생각지도 못한 현상, 사물, 생각 등을 가져와 맥락으로 골-인하는 끝판왕이 아닐까 합니다. 비슷한 맥락으로 노래도 여기에 포함되겠죠?

블로그에서 좋은 글이란, 이 세 가지 외에도 다양한 포장으로 표현할 수 있습니다. 포스팅의 메시지가 확실할 때 독자들이 빠르게 훑고 이해하면서도 눈에 띄는 글이 될 수 있어요. 그리고 '함께 보면 좋은 글'과 같은 소제목을 포스팅 아래에 적고, 관련된 포스팅을 넣으세요.

관련된 글이 아니라 포스팅을 시리즈로 써도 좋습니다. 시리즈 글이 충분히 흥미롭고 가치로웠다면, 시리즈를 통해 이웃 수를 좀 더 수월하게 늘릴 수 있을 거예요.

11

팔기 위한 글
: 사람들은 광고에 지쳤으니까,
이렇게 하세요

> "'팔기 위한' 포스팅을 할 때 상품부터 들이밀지 말고,
> 사람들에게 '어떻게' 다르고 '왜' 사야 하는지,
> 가치에 대한 정보를 주는 것이 중요합니다."

대중적으로 알려지지 않은 분야를 다루는 수강생 한 분이 무료 수업을 여는데, 글을 잘 쓴 건지 아닌지 모르겠다고 했습니다. 그때 글을 읽으면서 참 가치로운 걸 공유하고 있는데, 대중에게는 와 닿지 않겠단 생각이 들었어요. 일단 생소한 분야이니 그것의 가치를 아는 사람만 알 수 있으니까요. 그때 딱 한 줄만 추가하자고 말씀드렸어요.

"수업을 통해 얻는 것이 원래는 사람들이 어느 정도의 시간을 들여야 받을 수 있는 것인지 한 줄로 알려주세요."

제휴 마케팅이나 상품을 소개하는 등의 '팔기 위한' 포스팅할

때 으레 사람들은 상품부터 들이미는 글을 씁니다. 이게 얼마나 좋은지, 왜 사야 하는지에 집중해서 말이죠. 그런데 글을 쓸 때는 사람들이 '왜' 이것이 다르다고 느껴야 하는지, 왜 사야 하는지에 집중해서 말해야 합니다.

소개하려는 것이 '시간적으로, 육체적으로, 정신적으로 얼마 정도의 가치가 있을까?'라고 생각해 보고 그것을 강조해서 알려주세요. 그냥 팔로워든 잠재 고객이든, 말하지 않으면 알 수 없습니다. 이미 충분히 많은 콘텐츠 속에서 살고 있기 때문에 명확하게 말하지 않으면 그냥 넘어가게 마련이죠.

예를 들어, 세탁방에 들렀다가 전혀 생각하지도 않았던 이불까지 들고 가서 빨래를 한 적이 있습니다. 바로 다음의 전단지를 봤기 때문이에요.

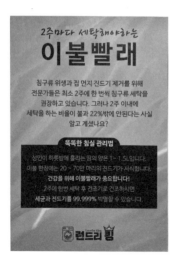

이때 정보도 함께 주세요. 가치만을 한두 마디로 요약해서 일축하기보다 다른 것들과 비교해서 이게 왜 뛰어나고 무엇이 나은지, 어떻게 다른지를 알 수 있는 정보를 함께 쓰는 겁니다. 딱 이 두 가지만 추가해도 다른 글이 됩니다.

가치도 확실하게 느껴지면서

정보도 있는 글은 특히 책 소개에서 많이 볼 수 있어요. 회사 단위로 이 책의 가치를 알려줘야 하기 때문에 그냥 책 소개를 읽다가도 사게 될 수밖에 없는 것들이 있잖아요. 한번 뜯어봅시다.

《인간 관계의 법칙》(로버트 그린)

가치 요약 인간 본성은 결코 선하지 않으며, 모든 관계는 심리전이다!

정보성 수 세기 전만 해도 권력을 얻고 유지하는 수단은 폭력과 무자비한 힘이었다. 그런 체제에서는 단지 선택된 소수만이 권력을 가질 수 있었다. 무력도 재력도 없는 사회적 약자들, 특히 여성들은 그저 현실에 순응하며 고통을 감내할 수밖에 없었다. 그러나 기지와 지략을 발휘해 불리한 조건을 극복하고 효과적으로 권력을 만들어내는 사람들이 등장하기 시작했다. 싸워서 빼앗는 것이 아닌, 상대로 하여금 스스로 무릎 꿇게 만드는 이들 전략가의 유형과 방법을 분석하여 관계의 주도권을 차지하는 비결을 알아본다.

《어른의 문장력》(김선영)

짧은 대화에서도 횡설수설하지 않았나요?

메일을 쓸 때마다 제대로 썼는지 고민하나요?

사소한 문장 하나가 일과 관계를 좌우하는 시대,

`가치 요약` 문장력을 2%만 끌어올려도 내 삶이 달라집니다.

`정보성` 카카오톡 대화는 말인가, 글인가? 문자, 채팅, 이메일, 블로그, SNS를 통해 대화하는 일이 점점 늘고 있다. 이런 경우 주로 문장으로 내 생각과 의견을 표현하므로 그만큼 문장력이 중요해졌지만 안타깝게도 짧은 문장조차 제대로 쓰지 못하는 사람이 많다. 문장 소통에 능숙해야 일과 가정에서 관계가 좋아지고 원하는 성과를 올릴 수 있는데 말이다.

《불안을 이기는 철학》(브리지드 딜레이니)

"덜 반응하고, 덜 화내고, 덜 판단하라!"

`가치 요약` 나를 흔드는 감정과 생각들로부터 자유로워지는 열네 번의 스토아 수업

`정보성` 스토아 철학은 순식간에 몰아쳤다가 사라지는, 들떴다가 침잠하는 감정보다는 하루하루 일정하게 안정감을 느끼는 삶을 위한 기술이다. 영미권에서 많은 독자들의 공감과 사랑을 받는 인기 저널리스트인 저자는 우리를 우울하게 하거나 압도하는 일상 곳곳에 스토아 철학을 적용하고 경험한 변화들을 들려준다. 《불안을 이기는 철학》을 통해 세네카, 에픽테토스, 아우렐리스의 지혜가 당신의 걱정과 불안을 덜어주는 놀라운 순간을 경험해 보라.

《마케팅이다》(세스 고딘)

가치 요약 영혼 없는 속임수는 통하지 않는 지금, 마케팅의 개념을 다시 정의하다!

정보성 마케팅에 관한 한 차원이 다른 통찰력을 독자에게 선사해왔던 저자는 고객들에게 존중받고, 선의에 찬 이슈 몰이에 성공하며, 적절히 바빠지고, 유명해지며 스스로 자랑스러운 마케터가 되고 싶다면 소비자가 아닌, 마케터 자신부터 바뀌어야 한다고 조언한다. 억지와 속임수로 가득한 마케터와 그 회사의 마케팅을 다시 정의하라고 이야기하면서 변화 속에서 중요한 실마리를 찾기 위해, 위기의 시대에 마케터가 무엇을 봐야 하는지, 어떻게 다르게 마케팅을 할 수 있는지 명확히 알려준다.

컨설팅 사례

실제 컨설팅 사례를 통해 필승 공식이 적용된 예를 배워보세요.
그동안 이론으로만 이해하고 실전에 써먹지 못한 이유를 발견하고
나의 글을 수정할 수 있습니다. 그리고 뻔한 정보를
나만의 관점으로 풀어낸 정보글도 선별했으니,
어떻게 풀어나가는지 살펴보세요.

전문성이 없는 블로그에서
사진 전문 블로그로 거듭나기

포토그래퍼 리즈K | 일상다반사에서 폰으로 사진 잘 찍는 법에 대해 알려주는 블로거

★★★★★
돈이 아깝지 않은, 그 이상의 가치를 얻었습니다!

문제점

-리뷰, 일상다반사 등 여러 가지 카테고리 운영
-카테고리가 많으면 블로그의 전문성을 판단하는 알고리즘에 나쁜 영향을 끼치고 브랜딩에도 좋지 않음

코칭

-대표 카테고리를 하나로 정할 것
-휴대폰으로 사진을 잘 찍었고, 사진을 주제로 하면 독보적으로 뛰어나고 쉽게 설명할 수 있었기에 사진 분야를 대표 카테고리로 추천
-시리즈 연재: 블로그 이웃과의 관계를 돈독하게 만들고, 하나의 글이 다른 포스트로 이어질 수 있도록 이전에 발행된 글도 올림
-찰떡같은 비유를 잘하고 특이한 스토리를 많이 가지고 있으니 그것을 공감 요소로 글에 표현할 것

결과

-블로그 방문자 수와 이웃이 늘어남
-시리즈 포스팅을 통해 사진 관련 문의가 계속 들어옴

일상의 기록을 더 감성적으로! 사진 손 탈출 프로젝트,
휴대폰으로 사진 잘 찍는 법
※해당 포스팅은 휴대폰으로 상품 사진 잘 찍는 법을 알려주는 내용이며
사진 초보들에게 유용한 꿀팁입니다. 이미 사진을 잘 찍는 분이라면 도움
이 안 될 수도 있어요.

안녕하세요. 방구석 포토그래퍼 리즈K입니다. 휴대폰으로 사진을 찍을
때 제가 가장 중요하게 생각하는 부분은 1. 구도(각도) 2. 여백 3. 소품
4. 크롭(사진 자르기) 5. 보정(사진 색상 수정)입니다.

읽는 대상 을 염두에 두고 아주 쉬운 문체로 썼습니다. 독자가 원하는
결과-똥손도 예쁜 사진을 찍을 수 있다-를 재미있게 풀어내고 있습니다.

어떤 <구도>로 찍느냐에 따라 상품이 더 돋보이기도 하고 돋보이지 않
을 수도 있어요. 저는 <여백>의 미를 중요시하는데 프레임 안에 너무 많
은 것들이 보이면 눈이 피로해지고 상품에 집중이 잘 안 되잖아요? 그래서
늘 여백을 두는 편이에요. 그래야 나중에 섬네일을 만들거나 디자인 작업
을 할 때 글을 쓸 공간이 있거든요.

나이키 운동화를 돋보이게 하는 소품: 트레이닝복, 운동기구 등

상품을 찍을 때 <소품>은 아주 중요한 역할을 해요. 제가 패션 회사를 다
닐 땐 스타일링 팀과 소품 담당이 있을 만큼 소품은 상품을 더욱 돋보이게
만들어줍니다. 단, 너무 과하거나 상품과 어울리지 않는 소품을 쓸 경우,
상품의 질이 떨어지거나 상품에 대한 집중도가 떨어지게 돼요.

<크롭>은? 음…… 신의 한 수라는 표현이 적당할 것 같아요. 사진을 열
심히 찍었지만 마음에 안 든 적이 있죠?? 그럴 땐 크롭을 해보세요. 딱 내
가 원하는 부분만 잘라내면 기가 막히게 멋진 사진으로 탄생한답니다. 때
론 전체보다 부분만 잘라서 보면 사진이 더 감각적으로 보이거든요.

마지막으로 죽은 사진도 살려내는 심폐소생술, 바로 <보정>인데요. 역광으로 어둡게 찍힌 사진, 칙칙한 색상, 비뚤어진 각도 등 아마 다들 경험해 보셨을 텐데요. 보정이라는 마법을 거친다면 아주 멋진 사진으로 재탄생될 수 있어요. 저만의 보정 꿀팁을 마구 알려드릴게요.

이제 휴대폰으로 상품 사진 잘 찍는 법, <구도의 미학> 편 바로 시작할게요.

[읽는 대상] [공감]
학창 시절, 미술 시간에 정물화를 그렸던 기억 있으시죠?
사과와 바나나, 그리고 왜 있는지 모를 북어를 그릴 때 구도를 잘 잡아야 한다는 미술 선생님의 말씀 기억나시나요? 너무 어렵게 생각하지 마세요. 그림이나 사진이나 결국엔 눈에 담아 손으로 표현해 내는 결과물이라고 생각해요.

제가 생각하는 구도는 바로 각도입니다.
어떤 각도로 상품을 찍느냐에 따라 상품이 돋보일 수도 있고 오히려 단점만 부각될 수도 있죠.

[읽는 대상]
물론 셀카나 풍경을 찍을 때도 포함돼요.
사실 구도는 어느 정도의 센스가 필요해요.
'감각'이라고도 표현하죠.

[읽는 대상] [공감]
하지만 사진 똥손들에겐 아직 센스가 부족해요. 그렇기 때문에 처음에는 사진 찍을 때 남이 찍어둔 걸 많이 보고 모방해 보는 걸 추천해요(모방은 창조의 어머니). 그래서 사진 찍기 전 리서치를 통해 참고할 자료들을 미리 찾아보는 게 중요하죠.

Part 1 : 구도의 미학, 이렇게만 따라 해도 사진 똥손 1차 탈출 완료!
1. 예쁘게 찍히는, 각도 활용
2. 구도 잡은 후 줌 기능 활용
3. 스마트폰 최적화, 세로로 찍기

·중앙 각도(눈높이에서 찍을 것)
상품에 집중하게 하고 싶을 때 찍는 컷(섬네일 활용에 좋아요)
나의 눈높이에 맞추고 거의 정면에서 찍으면 돼요.

·측면 각도(살짝 옆에서 찍을 것)
감성 샷으로 찍고 싶을 때 눈높이보다 조금 더 위쪽이나 옆쪽에서 찍으면
돼요. 정면 촬영과의 차이점은 찍은 상품들이 살짝 누워있는 느낌? 옆에
서 보고 있는 느낌?이 들었다면 성공입니다!
이때 휴대폰 줌 기능을 활용하면 좋아요.

·항공 샷(위에서 다 보이게 찍을 것)
전체적으로 보여 주고 싶을 때 찍는 컷
상품/음식 사진에 최적화된 구도로, 군더더기 없는 항공 샷으로 보여주고
자 하는 상품을 깔끔하게 보여줘요.

💡 어려운 명칭 뒤에는 읽는 이를 위해 쉬운 문어체로 다시 풀어서
설명하고 있습니다. 자칫하면 왕초보는 이해하기가 어려워서 읽
다가 그만둘 수 있는데, 계속해서 읽게 만드는 '읽는 대상'을 염두에 둔
공식이지요.

3. 스마트폰 최적화, 세로로 찍기
블로그 운영하는 이웃님들! 제품 리뷰 사진이나 내돈내산 리뷰, 그리고 음
식점과 카페, 화장품 등 다양한 상품들 사진 찍을 때 세로로 찍을지, 가로
로 찍을지 고민되시죠? 사실 어떤 사진을 찍든 정답은 없지만 저는 세로
사진을 더 추천해요.

이유는? 제 블로그의 경우 PC보다는 모바일 유입이 더 높은 편이에요. 읽는 대상 아마 다른 이웃님들도 그럴 거예요. 스마트폰에 최적화된 이미지는 세로형이에요. 스마트폰으로 제 블로그를 보는 이웃님들이 보기 편했으면 좋겠거든요. 그래서 저는 대부분 세로 이미지를 사용한답니다.

네이버 블로그뿐만 아니라 인스타그램, 틱톡, 유튜브 쇼츠까지 세로형 영상과 이미지 수요가 더 높은 편이죠. 블로그 1개 채널만 운영하고 있는 게 아니라면 세로형 사진을 추천해요.

세로로 사진 찍기 장점은?
스마트폰으로 볼 때 이미지가 더 입체감 있어 보이고, 몰입도도 좋으며 현장감이 있어 보인답니다. 아직까지 블로그 포스팅에선 세로형 영상보다는 가로형 영상이 더 보기 편하지만 언젠가 네이버도 세로형 영상을 블로그 포스팅에 맞게 업그레이드하겠죠?

어때요? '구도의 미학'편 도움이 되셨나요? 제가 알려드린 세 가지 구도와 줌 기능, 그리고 세로형 사진 찍기만 따라 해도 사진 똥손 1차는 탈출할 수 있으실 거예요.

(중략)

다음은 휴대폰으로 상품 사진 잘 찍는 법 <Part 2: 여백의 미학 편>입니다.
방구석 포토그래퍼 리즈 K는 다음 주에도 만나요. ♥제발♥

다음 시리즈를 예고하며 마무리합니다. 시리즈는 이웃 추가, 좋아요, 스크랩, 다른 콘텐츠를 또 소비하게 만드는 하나의 숨은 공식입니다.

일상 블로그에서 '팔 것'을 만들어
수익화 실현

하마언니는N잡러 | 해외 구매 대행 분야

★★★★★
아나쌤 덕분에 제가 지금 하는 일을 성장시킬 수 있었어요.

문제점

-리뷰, 육아 등 일상적인 카테고리 운영
-수익화를 원했으나 카테고리에서는 판매할 수 있는 상품이 없었음

코칭

-어떤 카테고리에서 어떤 글을 통해 어떤 상품을 판매하면 좋을지 컨설팅

결과

-부업처럼 하던 구매 대행에 대해 글을 쓰기 시작
-전자책과 강의 상품을 제작하여 블로그 글로 수익화 실현
-일반 리뷰 블로거에서 해외 구매 대행 강사로 브랜딩하여 활동 중

안녕하세요 N잡러 하마언니입니다^^ 오늘은 좋은 상품 소싱하는 방법에 대해 이야기를 풀어봅니다. 해외구매대행 3년차 #글로벌셀러이지만 여전히 #구매대행상품소싱 #상품소싱(조회수가 잘 나오는 키워드를 본문에 삽입하여 활용)하는 게 어렵습니다.

`읽는 대상` 특히 초보 셀러들은 상품 소싱에 대한 경험과 감각이 부족하기에 완벽하게 경쟁력 있는 상품을 찾아서 소싱한다는 것은 너무나 어려운 일입니다. 그렇지만 좋은 상품을 소싱하기 위해 상품 소싱을 반복적으로 하다 보면 자연스럽게 노하우가 쌓일 것입니다.

완벽한 노하우는 아니지만 그래도 3년차 구매대행을 하고 있으니 제가 사용하는 #상품소싱방법 중 하나를 공유해 봅니다.
정보를 공유하고 있습니다 "해외직구를 이용하고 있는 사람들의 공간 커뮤니티를 적극 이용하기(네이버 카페, 뽐뿌 해외직구, 유튜브, 오픈 채팅방 등)"

`읽는 대상` 해외직구 커뮤니티 공간에서 아이템을 찾는 겁니다! 해외직구 커뮤니티 공간에서 사람들의 질문과 관심사 등을 살펴보면 아이템 힌트를 얻을 수도 있습니다. 사람들의 관심사가 높은 해외직구 상품 또는 유사 상품을 찾아서 빠르게 판매하는 겁니다. 제가 직접 경험해본 #상품소싱 사례 공유합니다.

`공감` 작년 연말, 해외직구 커뮤니티에서 사람들의 관심사를 살펴보던 중 아이템을 발견했습니다!
"혹시 이 물건 어디서 파는지 아시는 분 있을까요?"
사고 싶은 물건이 있는데 판매하는 곳을 찾지 못해 글을 올린 분이 계셨어요.

`공감` 댓글을 보니 명쾌한 답변을 달아준 사람들도 없었죠. 그래서 바로 그 상품을 찾아보았습니다. 찾아보니 판매처가 딱 1곳이었습니다. 그 판매처의 판매 데이터를 보니 구매건수 0건, 리뷰 0건으로 나와 있었습니다.

그래서 생각했죠. 그래 이 상품을 판매해 보자!

바로 상품을 등록한 후 해외직구 커뮤니티 사이트에 접속해서 댓글을 달았습니다. 판매하는 곳을 직접적으로 링크를 달지 않고, 쪽지를 통해 알려드렸습니다. 판매 링크를 달면, 광고로 #강퇴 당할 수 있습니다.

읽는 대상 과연 판매가 될까? 생각하던 찰나 바로 구매로 이어졌습니다! 이렇듯 해외직구 커뮤니티 사이트에서 아이템을 찾는 방법이 하나의 상품 소싱 방법이 될 수 있습니다. 하지만 아이템을 찾아 상품 소싱할 때 주의해야 할 사항이 있습니다.

정보를 공유하고 있습니다 아까 말씀드렸듯이, 아이템을 발견했으나 판매처가 1곳 있다고 했었죠? 판매처 1곳의 상품가격이 정말 최소/극소 마진으로 책정되어 있었습니다. 저는 상품을 소싱할 때 판매하는 곳이 있는지 없는지 확인한 후 이미 판매하는 곳이 있다면 이미 판매 상품의 가격대를 파악하고 비슷한 가격대로 판매합니다.

읽는 대상 비슷한 가격대로 상품 판매를 하는 이유는 이미 상품의 가격대가 형성되어 있는데 내 마진을 줄여서 100원이라도 더 싸게 팔아야겠다는 #치킨게임 원하지 않기 때문입니다. (치킨게임: 어느 한 쪽이 양보하지 않을 경우 양쪽이 모두 파국으로 치닫게 되는 극단적인 게임 이론)

그래! 이 상품은 #박리다매 로 가보자! 한 사람이 여러 개를 구매하면 마진이 조금은 더 생길 수 있으니 어쨌든 많이 팔아서 이익을 보자는 생각으로 비슷한 가격대로 상품 판매를 시작했습니다.

다행히 주문이 들어오기 시작했습니다. 그런데 예상과는 달리, 한 사람이 여러 개를 구매하는 경우는 드물고 대부분 1개씩만 구매가 이루어져 거의 최소 마진을 봤습니다. 그래도 많이 팔면 최소 마진이 쌓여서 이익이 많은 게 아닌 건가? 싶겠지만. 쉽게 말해 인풋 대비 아웃풋이 매우 낮았습니다.

문제가 생겼던 때부터 해결책까지 어떤 생각을 통해 어떤 행동을 했는지 자세히 기재된 공감 공식입니다. 자세하고 상상하기 쉬워서 함께 고난을 헤쳐 나가는 기분이 들기도 합니다. 왕초보가 이 글을 발견하면, 다음 글을 또 읽고 싶어지지 않을까요? 공감 공식이 잘 쓰인 예시입니다.

`공감` 상품의 크기가 굉장히 작은 편이라서 분실 사건, 파손 사건 등 최저 마진으로는 리스크를 감당할 수 없었습니다. 그래서 결국 상품 판매를 중지하려 했으나 다행히 제품에 대한 만족도가 높아서 리뷰(후기)들이 쌓여 있었던 상품이었기에 판매 중지가 아닌 판매 단가를 높이는 방법을 선택했습니다. 상품가격은 그대로 하되 배송비를 상향 조정했습니다. 배송비를 터무니없는 가격으로 조정한 것이 아니고 다행히 상품의 좋은 후기 덕분에 지금까지도 판매가 이어지고 있습니다.

`읽는 대상` 상품 소싱 후 상품가격을 정할 때 다양한 리스크를 따져보고 정하길 바랍니다. #해외구매대행상품소싱 하는 다양한 방법들이 있지만 '해외직구 커뮤니티 공간 활용 방법'도 적극 활용해 보시기 바랍니다. 해외구매대행 및 온라인 셀러 이웃님들 환영합니다.

`팔 것` 하마언니도 해외구매대행 초보 셀러입니다. 정보 및 꿀팁 함께 공유해요. N잡러 하마언니에게 궁금한 점은 댓글 또는 카카오톡 채널로 문의 주세요.

글을 클릭할 수 있도록
제목에 '팔 것'의 가치 명시

윤짱 | 인문학 분야

★★★★★
아나님의 긍정 에너지가 특히 좋았어요!
가치에 대한 피력을 잘해 주시고 글로 사람들의 액션을
일으킬 수 있게 도와주셨어요.

문제점

- 글의 짜임새는 좋으나 어떤 것을 '팔아야 할 때' 그 가치가 읽는 이의 눈에 들어
  오지 않음
- 무료 특강 글을 포스팅했지만 클릭해서 열어보기 전에는 무료 특강의 가치가 전
  혀 드러나지 않았음

코칭

글의 제목에 [무료 특강]을 달고, 해당 특강의 가치를 직관적으로 '66만 원짜리
수업을 무료로 맛보기'할 수 있는 기회라고 한 줄로 줄여서 표현함

결과

특강 전석 매진

팔 것 [무료 특강] 영화로 만나는 김수성 훈련 _ **읽는 대상** 크리에이터의 멘탈 관리를 위한 예스앤컴과 한국인문학교육연구소의 협업 이벤트

공감 오늘도 마상했어요?
우리가 살아가는 시대는 정보의 홍수와 함께, 개인의 감정을 솔직하게 표현하는 소셜 미디어의 시대입니다. 누구나 쉽게 자신의 의견을 공유하고, 크리에이터의 콘텐츠에 반응할 수 있는 환경이 조성되어 있죠.

읽는 대상 그만큼 크리에이터로서는 더 많은 사람들과 소통하는 기회가 늘어났지만, 동시에 악플과 같은 부정적인 피드백에 노출될 위험도 커지게 되었습니다.

읽는 대상 특히, 팔로워 수가 많아질수록, 그리고 자신의 콘텐츠를 더 넓은 층의 대중에게 공개할수록 이러한 부정적인 반응은 더욱 빈번하게 발생할 수 있습니다. 이러한 일들은 크리에이터의 멘탈 건강에 큰 영향을 미치며, 창작 활동에 대한 열정마저 잃게 만들 수 있습니다. 때로는 우울감이 지속되어 일어서기 힘들 만큼 타격이 크기도 합니다.

읽는 대상 다수의 크리에이터는 이런 고민을 합니다.

공감 **읽는 대상**
-콘텐츠를 만들고 뷰를 증가시키는 것이 목적인 만큼 대중을 많이 만나야 하는데 크리에이터들의 멘탈 건강은 어떻게 챙길 수 있을까요?
-어떻게 하면 악플이나 부정적인 피드백에 덜 상처받고 건강하게 대처할 수 있을까요?
-내 창작물에 대한 다양한 반응 중에서 어떤 피드백을 성장의 기회로 활용할 수 있을까요?
-창작 활동 중 겪는 스트레스와 압박을 효과적으로 관리하는 방법은 무엇일까요?

(중략)

💡 읽는 대상이 진심으로 할 수 있는 생각들을 명확하고 구체적으로 표현했습니다. 읽는 이가 '이건 내 사례야!'라고 느끼며 이 글을 끝까지 읽을 힘을 실어주는 아주 좋은 예시입니다.

고민의 많은 부분을 차지하는 게 바로 마음 관리, 멘탈 관리입니다.
`팔 것` 저는 '감수성 훈련'을 크리에이터 분들께 강력히 추천합니다. 바로 전 게시물에 올린 글 (강사를 위한 감수성 훈련)처럼 이 훈련은 단순히 부정적인 반응을 무시하고 넘어가는 것이 아니라, 이를 건설적으로 다루고 자신의 정서적 회복력을 강화하는 데 중점을 둡니다.

`읽는 대상` '감수성 훈련'에서는 감정의 방향을 확인해서 상대의 몫과 내가 감당해야 할 감정을 분리합니다. 이 과정에서 객관적인 시선이 생깁니다. 타인의 감정까지 자신이 책임지지 않을 수 있는 여유가 생깁니다. 그리고 감정을 통해 자신의 생각과 욕구를 들여다봅니다. 감정은 늘 옳지만 생각은 틀릴 수 있습니다. 자신에게 어떤 신념이 있는지 어떤 생각과 감정의 패턴이 있는지 확인할 수 있습니다.
영화는 우리에게 다양한 인간의 감정과 상황을 가까이에서 체험하게 해줍니다. 저는 '영화로 만나는 인문학'의 수많은 세부 주제를 만들고 강의했습니다. 그리고 강의 안에는 감수성 훈련의 정수가 녹아있습니다.

`공감` '감수성 훈련'의 혜택을 가장 많이 받은 사람이 바로 저 자신이거든요. 세 번의 정규과정과 4년 동안의 심화 과정을 통해 마음의 자가 치유 능력이 '감수성 훈련'을 통해 늘어나는 것을 저 스스로로 임상실험을 한 셈입니다.

`팔 것` 3일간의 감수성 훈련을 꼭 만나시기를 바랍니다. '영화로 만나는 감수성 훈련'은 맛보기라고 생각하셔도 좋을 것 같아요. '한 번 수강하는

252

데 66만 원짜리 수업을 무료로 맛보기'할 수 있는 아주 좋은 기회랍니다. '영화로 만나는 감수성 훈련'은 영화 속 상황과 등장인물의 감정을 통해, 자신의 감정을 이해하고 다른 사람의 입장에서 생각해 보는 연습을 할 수 있는 기회를 제공합니다. 이 과정에서 크리에이터는 자신의 감정을 보다 명확하게 인식하고, 부정적인 피드백을 자신의 성장을 위한 기회로 전환하는 법을 배우게 됩니다.

읽는 대상 크리에이터로서의 여정은 때로 외로우며, 부정적인 피드백에 마음이 상하기도 합니다. 하지만, '영화로 만나는 감수성 훈련'을 통해, 자신과 타인에 대한 이해를 넓히고, 부정적인 피드백을 긍정적인 성장의 발판으로 삼을 수 있습니다. 이 시간은 크리에이터가 자신의 감정을 관리하고, 어떤 상황에서도 꿋꿋하고 단단하게 자신의 창작 활동을 지속할 수 있는 내적인 힘을 기르는 데 도움을 줄 것입니다.

팔 것 '영화로 만나는 감수성 훈련'은 단순한 프로그램이 아닌, 크리에이터로서 자신의 정서적 회복력을 강화하고, 창작 활동을 더욱 풍부하고 의미 있게 만드는 여정입니다. 이 과정을 통해, 크리에이터는 자신의 감정을 더 잘 이해하고, 타인과의 소통을 보다 건강하게 유지할 수 있게 됩니다.

읽는 대상 마지막으로, '영화로 만나는 감수성 훈련'은 개인의 성장뿐만 아니라 크리에이터로서 더 깊이 있는 콘텐츠를 생성해 내고, 자신의 팔로워와 더욱 긍정적인 방식으로 소통하는 데에도 큰 도움이 될 것입니다. 이 여정에 여러분을 초대합니다!

팔 것
[무료특강]
일정: 4/27 토요일 오전 10시~12시(2시간)
비용: 무료
신청 기간: ~4/20
멋진 분들을 만날 그날을 기다리고 있을게요.

인문학적 시선으로 바라본 청소의 의미 _ 철학 심리학 연관성

💡 이 인문학에 입문한 초보자이므로, 읽는 대상이 일상에서 접하는 '청소'라는 키워드와 '인문학'이라는 키워드를 엮어 쓴 글입니다. 공감을 이끌어낼 수 있을 뿐만 아니라 새로운 인사이트가 많이 나온 좋은 콘텐츠입니다.

일상에서 흔히 마주하는 '청소'라는 행위를 인문학적 관점에서 바라보면 어떤 의미를 발견할 수 있을까요? 단순히 더러움을 제거하는 물리적 행위로만 여겨지던 청소가, 공감 실은 우리의 삶과 문화, 그리고 철학적 사고와 깊은 연관성을 지니고 있음을 알 수 있습니다. 너무 익숙해서 간과했던 청소 속 인문학 관점을 알아볼게요.

청소와 존재의 의미
정보를 공유하고 있습니다 독일의 철학자 마르틴 하이데거(Martin Heidegger, 1889-1976)는 인간을 '세계-내-존재'로 정의했습니다. 우리는 세계 속에 던져진 존재로서, 끊임없이 주변 환경과 상호작용하며 살아갑니다. 이러한 맥락에서 청소는 위생 관리를 넘어서는 의미를 갖게 됩니다. 청소를 통해 우리는 우리의 생활공간을 정돈하고, 그 과정에서 자아를 재정립합니다. 깨끗이 청소된 공간은 새로운 시작을 상징하며, 자신의 존재를 새롭게 인식하는 계기가 됩니다. 오직 인간만이 자신에게 죽음이 다가오고 있다는 사실을 압니다. 하이데거는 어느 날 불현듯 죽음에 대한 불안과 마주한다면, 자신의 사명을 자각하고 그것을 다하기 위해 결의하라고 조언합니다. 다른 누구에게 결정과 책임을 미루지 않고 내가 원하는 삶을 위해 스스로 결단을 내리고 책임을 지라는 의미죠. 어쩌면 청소, 우리가 머무는 공간을 정돈하는 것이 그 시작일 수 있습니다.

프랑스의 철학자 가스통 바슐라르(Gaston Bachelard, 1884~1962)는 '집은 우리의 첫 번째 우주'라고 말합니다. 청소는 이 '첫 번째 우주'를 가꾸는 행위인 것이죠. 우리는 청소를 통해 자신의 내면세계를 정리하고,

외부세계와의 관계를 재정립합니다. 쓸고 닦고 정리하는 물리적 행위를 넘어, 정신적 정화와 재생 의 과정이라 할 수 있습니다.

정보를 공유하고 있습니다 캐나다의 심리학자 조던 피터슨(Jordan Bernt Peterson, 1962~)은 이런저런 대의를 위해 행동하기 전에 먼저 '자신의 방부터 정리하라'고 조언합니다. 개인의 직접적인 환경을 정돈함으로써 삶의 다른 영역에 서도 질서와 의미를 찾을 수 있다는 것을 시사합니다. 청소는 이처럼 개인의 존재 방식과 세계관을 형성하는데 중요한 역할을 합니다.

대중문화 속 청소의 존재론적 의미

💡 **읽는 대상을 고려해 대중에게도 유명한 영화를 소재로 꺼내어 썼습니다. 이처럼 포스팅 소재의 선택이나 연결이 신선하면, 신선한 콘텐츠가 될 수 있습니다.**

이러한 청소의 존재론적 의미는 대중문화에서도 자주 등장합니다. 지브리 스튜디오 미야자키 하야오 감독의 애니메이션 <하울의 움직이는 성>에서 주인공 소피의 행동을 통해 잘 드러납니다. '하울의 움직이는 성'을 찾아와서 눌러앉은 소피는 자신을 '이 성의 청소부'라고 칭하며 열정적으로 청소에 몰두합니다. 하울의 성이 잡동사니가 많고 지저분하기는 하지만 소피의 청소는 단순히 공간을 깨끗이 하는 행위를 넘어, 새로운 환경에서 자신의 존재 가치와 역할을 정립하려는 노력으로 볼 수 있습니다.

함께 나누면 좋은 인문학 질문

`읽는 대상` `공감`

당신에게 청소는 어떤 의미인가요?

청소를 하면서 자신에 대해 새롭게 깨닫는 점이 있나요?

청소를 통해 새로운 환경에 적응하거나 자신의 역할을 찾은 경험이 있나요?

청소와 관련된 개인적인 의식이나 루틴이 있나요? 그것이 당신에게 어떤
의미가 있나요?
공공장소 청소에 참여한 경험이 있나요? 그 경험이 당신에게 어떤 영향을
미쳤나요?
당신의 청소 습관 중 환경에 해로울 수 있는 것은 무엇인가요? 어떻게 개
선할 수 있을까요?
청소를 통해 자신의 소비 습관이나 물건에 대한 태도를 되돌아본 적이 있
나요?
청소를 통해 당신만의 미적 가치를 표현하는 방법이 있나요?
청소를 명상이나 창조적 활동으로 경험한 적이 있나요? 그 경험은 어떠했
나요?
청소가 당신의 기분이나 심리 상태에 미치는 영향은 무엇인가요?
청소를 미루거나 회피하는 상황이 있나요? 그때 당신의 심리 상태는 어떤
가요?
삶에 어떤 변화나 개선을 이루고 싶은가요?
청소에 대한 새로운 시각이 당신의 일상이나 관계에 어떤 영향을 미칠 수
있을까요?

팔 것 책 링크

유입이 거의 없던 블로그,
검색 키워드로 잡은 유입과 소비

키미코치 | 강점 검사 분야

★★★★★
내가 포스팅을 잘하고 있는 건지 의심이 들고 왜 상위 노출이 되지 않는 건지 지쳐가고 있을 때 아나님이 체크하고 조언해주셔서 힘이 날 수밖에 없었어요. 조언을 반영한 포스팅은 '방문자수'라는 성과로 확인할 수 있었으니 의지도 올라가고요!

문제점

강점 코칭이라는 훌륭한 콘텐츠에 비해 조회수가 많지 않음

코칭

- 검색되는 키워드를 넣어 글을 쓸 것
- 단순히 정보만을 전달하는 것이 아니라 글의 마지막에 다른 콘텐츠들을 소비하게 만들 것

결과

읽는 이가 강점이라는 생소한 분야를 알아가고, 왜 해야 하고, 왜 이분에게 검사를 받아야 하는지에 대한 콘텐츠를 지속적으로 소비할 수 있게 만듦. 이는 블로그 지수는 물론 브랜딩에도 좋은 영향을 끼침

해당 포스트 조회수

 해당 글은 키워드를 노리고 쓴 글이며 조회수가 폭발적으로 늘어난 사례입니다.

읽는 대상 나의 재능과 잘하는 것을 알고 싶다면? 갤럽 강점 검사부터 추천합니다.

갤럽 강점 검사, 어떻게 하나요?
성공한 사람들은 대부분 자신의 강점을 알고 집중하라고 이야기합니다. 요즘 유명 유튜버들이 강점 이야기를 많이 해준 덕분에 강점 검사에 대해 궁금해 하는 분들이 많더라고요. 오랜만에 갤럽 강점 검사 하는 법에 대해서 정리해 봅니다. 강점 검사 방법에는 두 가지가 있습니다.

방법 1
《위대한 나의 발견 강점 혁명》 책을 구매해서 검사를 진행합니다.

책을 구매하면 맨 앞장에 검사 가능한 코드가 있습니다. 이 코드로 강점 검사를 진행합니다.
검사 유의사항
2023년부터 가격이 올랐습니다.
·검사는 35~40분 정도 소요됩니다.

검사 중간에 뒤로 가기 멈춤은 없습니다. (그대로 비용이 날아감)
- 35~40분 동안 여유 있는 상황과 환경에서 검사를 진행하세요. 검사는 가급적 PC로 하는 게 좋습니다.
-고민하지 말고 직관적으로 자신에게 해당하는 부분을 선택하세요. 검사에 가장 나답게 나옵니다. 한 문항당 20초이기 때문에 고민하는 순간 넘어갑니다.
·언어는 한국어로 설정하세요.

아래부터는 캡처 화면-글-캡처 화면-글 순서대로 흘러갑니다. 이렇게 따라하기처럼 흘러가는 정보 글은 화면을 먼저 보도록 하는 것이 우선이므로 이 글처럼 설명글은 짧게 쓰는 것이 좋아요. 읽는 이를 섬세하게 고려한 글입니다.

1. 갤럽 사이트에 접속합니다.
www.gallup.com/cliftonstrengths

2. 페이지 우측 상단의 [REDEEM CODE]를 클릭합니다.
(화면이 영문으로 표기되는 경우 '접속코드' 페이지 오른쪽 상단에 위치한 '언어 선택'을 누른 다음 '한국어'로 번역해서 보세요.)

3. 액세스 코드란에 들어가서 ID코드를 입력하고 [계속] 버튼을 누릅니다.

4. 로그인 페이지가 나타나면 [페이지 상단에 계정을 생성하십시오]를 누르고 가입하세요.

5. 계정 설정 페이지가 나타나면 순차적으로 입력하면 됩니다.
사용자 이름은 일반 사이트의 ID와 같은 개념입니다. 영문 또는 영문과 숫자가 조합된 문자로 사용자 이름을 설정하세요.

여기서 잠깐!

갤럽 강점 검사 사이트는 전 세계에서 사용하고 있는 프로그램입니다. 새 계정 등록 단계에서 가끔 에러가 생길 수 있는데 그럴 때는 당황하지 말고 침착하게 다시 하세요.

6. 설정 완료 화면에서 역할, 조직, 연락처, 보안 질문을 입력하고 등록합니다.
-조직명은 1인으로 일하는 분이라면 분야를 적어도 상관없어요.

7. 계정 설정 완료 후 다음으로 인증 코드가 등록된 이메일로 발송됩니다. 이메일로 발송된 인증 코드를 확인 후 페이지에 입력하세요.

8. 순서대로 잘 진행하셨네요. 이제 순서에 따라 검사를 진행하면 됩니다. **정보를 공유하고 있습니다.**
이제 시작합니다. 자신의 강점과 마주하게 되는 순간!

9. 강점 검사 결과는 좋은 것도 나쁜 것도 아닙니다.
결과는 자신의 강점과 또한 자신이 계속 활용하고 사용해온 반복적인 패턴을 응답 순서에 따라 순위가 책정되오니 참고하세요.

10. 《위대한 나의 발견 강점 혁명》 책에 있는 무료 코드는 TOP5의 강점을 알려줍니다. 추가로 오픈을 원한다면 추가 결제를 하면 됩니다.

💡 읽는 대상이 할 법한 질문을 한 포스팅 안에서 다 보여줍니다. 읽는 이가 더 적극적으로 이 글을 소비할 수 있겠지요.

여기서 많이 문의하는 부분!
Q. 추가로 오픈하려면 다시 검사해야 하나요?
검사에는 34개 테마가 이미 나와 있는 상태이고, 보이는 것은 TOP5만 나오는 것입니다. 결제만 더 하면 됩니다.

11. 검사를 마치면 강점 검사 보고서로 확인이 가능합니다(키미코치 2022년 12월 검사 결과).

12. 강점 검사 결과의 자세한 내용은 좌측 상단의 [보고서]를 누르면 나옵니다. 강점 심층 가이드의 보고서 다운로드를 보면 개별화된 강점 보고서 내용이 확인 가능합니다.

방법2
갤럽 사이트 온라인에서 직접 하는 방법입니다.

1. 갤럽 사이트에 접속합니다.
비용은 테마를 5개만 확인하느냐, 34가지를 확인하느냐에 따라 다릅니다.
검사 비용은 유료입니다.
1상위 재능 Top 5 진단은 약 33,000원
1재능 34개 모두 진단 + 상세 리포트는 82,500원
저는 이왕 하는 거 34개의 테마 오픈을 추천합니다.
상위 재능 TOP5 진단 보고서보다 34개 오픈 후 TOP 5진단 보고서가 설명이 더 디테일하고 활용하기가 좋습니다.

`읽는 대상` 강점 검사 후 어떻게 활용하면 좋을까요?
이게 나의 강점이라고?
그러면 어떻게 활용해야 할까?

`공감` 저도 처음에는 책을 통해서 TOP5만 검사하고 확인했었습니다.
그런 다음 이리저리 방황하다가 코칭을 받으면서 점점 더 강점에 대해서 알아가게 되었답니다.
그러기 위해서는 자신의 강점 테마 이해가 가장 먼저입니다.
강점을 이해한 것을 토대로 강점에 대해서 검사한 사람들과 이야기를 한다거나 코칭을 받는 게 가장 좋습니다.

팔 것 그래서 준비했습니다.

강점과 기질을 같이 함께 알면 더 자신을 이해하고 활용하는 데 도움이 됩니다.

CPA 컬러 성향 분석+갤럽 강점 검사를 통한 강점 컬러를 알고 싶다면?

CPA 컬러 성향 분석이 무엇인지 참고하세요.

정보성 글에 팔 것 추가하여
원생 모집 마감

하늘바다그리기 / 교육 분야

★★★★★
파워블로그 선정되고 공짜로 받은 게 꽤 있었어요. 무엇보다 좋은 건 출판 제의가 많이 들어왔네요.
바빠서 못 했던 블로그 챌린지하며 2주간 했더니 블로그 수익이 올라가네요.

문제점

-미술학원 운영 및 마케팅/경영을 공유하는 교육 전문가
-이미 파워블로거였지만 좀 더 많은 사람들이 유입되길 원함

코칭

-정보를 나눠주는 것도 좋지만 메시지를 전달하는 방식이 바뀌면 더 완벽해질 것
-글쓴이의 교육관을 공감 공식으로 전달하고, 교육 시설이 더 돋보일 수 있도록 팔 것을 좀 더 넣어서 정보글을 쓸 것

결과

전체 수업 마감

읽는 대상 공감 요즘 미술학원을 운영하고 있거나 학교에서 방과후 미술수업을 하는 선생님들의 한숨이 상당하다.
"신규생 등록이 없어요."
"아이들이 그만둬요."
"결국 국영수만 잡더라고요."

팔 것 미술학원은 요즘 불경기다. 잘 운영되는 학원도 있지만 그렇지 않은 학원이 더 많다. 경기가 어려워질 때 가장 타격을 받는 예체능 학원. 그중에서도 미술학원은 경기에 많은 영향을 받는다. 하지만 불경기가 아니더라도 다른 과목에 비해 미술은 중요도가 떨어진다. 맘카페에서는 이런 글도 봤다.
'미술은 덜 중요한 과목이니까 굳이 오래 시킬 필요 없어요.'
나는 덜 중요하고 더 중요한 과목은 없다고 생각한다. 국어든 영어든 수학이든.

 본인의 교육관을 '왜'에 초점을 맞추어 자연스럽게 녹여낸 공감 공식 사례입니다.

아이들이 어떻게 배우냐가 중요하고 그것을 어떻게 소화하는지, 배우는 과정 자체가 중요하다고 생각하기 때문이다. 미술은 덜 중요한 과목이 아니다. 매우 중요한 과목이다. 덜 중요한 과목이라고 생각하는 분들을 위해 아이들을 가르치면서 느꼈던 학습에 도움이 되었던 사례를 소개하겠다.

<두려움이나 부담감을 줄이고 새롭게 시도할 수 있는 과목>
한글을 못 뗀 초등학생 1학년들이 있다. "한글 못 떼면 어때? 우리는 천천히 배워가는 거야." 이런 아이들에게 받아쓰기를 시키면 몸을 비비 꼰다. "아~ 어려워. 나는 한글을 몰라요. 나는 글씨는 못 써요." 이래서 못해요, 저래서 못해요. 온갖 핑계를 대지만 결국 그 아이들도 마지못해 글씨를 꾹꾹 눌러가며 쓴다.

그런데 이런 아이들과 미술 수업을 하면 어느새 그림 속에 글자를 쓴다. 즐거운 감정으로.

"선생님, '토끼가 돌멩이를 찾아갔어요.'를 어떻게 쓰는 거예요? 점(마침표)도 찍어요?"

-초1 학생 수업에서-

첫날 글자를 못 쓴다고 했던 아이가 오히려 어떻게 쓰냐고 물어본다. 그리고 작은 그림책 하나를 뚝딱 만든다. 각 페이지에 자신이 만든 이야기를 글로 쓰려고 한다. 아마 받아쓰기였다면 어려워했을 것이다. 하지만 자신의 의지로 물어보면서 문장을 썼다. 그리고 아이가 나에게 했던 말,

<u>공감</u> "선생님 정말 굿 아이디어예요. 나는요, 선생님이 재밌어요. 미술이 참 재밌어요."

나는 못 그리는데, 나는 글자를 모르는데, 글씨를 못 쓰는데, 했던 아이들이 그림을 그리다가 글자를 물어보면서 쓰려고 하고, "못 그려요" 했던 아이들은 어려운 사람도 그리게 된다.

<미술을 통해 자율성과 주체성을 배우는 아이들>
자신의 생각과 언어를 그림이나 이미지를 통해 배우는 아이들은 훨씬 기억 저장이 유리하다. 또한 배우는 과정에서 본인의 의지대로 하는 자율성과 주체성을 주면 훨씬 더 적극적인 태도를 보여준다.
자율성: 자신의 선택을 스스로 선택하고 결정한다고 느끼는 것
주체성: 자신의 의지로 자유롭게 실천하는 자세

수업을 할 때 자율성을 느끼게 해주는 것이다. 자신이 선택하지 못했다고 느낄 때 아이들은 흥미를 느끼지 못한다. 자율성이라고 하여 자유를 준다고 생각하겠지만 그렇지 않다. 자신이 선택했다고 느끼게 해줘야 한다. 그래서 수업 중에 이렇게 말한다. "그건 네가 선택할 수 있는 거야."

자유가 아닌 선택이다. 자신의 의지대로 결정하고 배우는 과정의 기억은

오래간다는 사실을 알았다.

💡 **경험을 관점으로 소화해 표현한 아주 좋은 사례입니다. 가장 어려운 부분이라고 생각합니다. 경험도 해야 하고, 그 부분에 대해 다방면으로 생각도 해야 하고, 스스로 그것을 소화 할 수 있는 시간도 충분히 가져야 하지요. 한마디로 연륜이지요. 이러한 나만의 관점을 잘 표현하면 독자의 기억에 오래 남는 아주 좋은 글이 될 수 있습니다.**

첫 미술 수업을 기억하는 아이들이 상당히 많다는 사실.
하늘바다그리기 미술학원에는 장수생들이 많은데, 이 아이들 대부분이 어릴 적 무엇을 그렸는지 기억한다. 첫 수업에 무엇을 그렸는지 상당수가 기억하고 있다는 점도 놀라웠다.
"선생님, 제가 1학년 때 왔죠? 그때 나무를 그렸는데, 나무에 장수풍뎅이 그렸던 거 생각나요."
-현재 5학년 남학생-

"선생님, 저 6살 때 저기 서서 나무 그렸던 거 생각나요. 그때 그렸던 나무를 엄마가 제가 그린 거 같지 않다고 했었어요."
-현재 6학년 여학생-

이렇게 말하는 아이들이 꽤 있다는 것에 왜 그럴까를 생각해 봤다.

1. 첫 수업이 어렵지 않았다.
2. 첫 수업에서 꽤 멋있는 그림이 나왔다.
3. 배우는 과정에서 다음 시간과 자신에 대한 기대감이 생겼다.

첫 수업 이외에도 내가 기억하지 못하는 장면과 활동들을 이야기하는 장수생들을 보며 느낀 것은 아이들은 이미지(그림)로 저장한다는 것이었다. 3년 전, 5년 전에 어떤 친구와 선생님이 했던 말, 색과 이미지를 기억하고 있었다. 미술은 아이들의 기억을 저장하는 데 강력한 도구임에 틀림없다.

그래서 내가 프로그램을 계속 개발하는 이유이기도 하다. 아이들이 이거 3년 전에 했던 건데요, 제가 1학년 때 했었는데 "또 해요?"라고 할까 봐.

결론

미술이 중요한 과목인 이유

두렵거나 자신 없는 학습도 미술로 새롭게 시도할 수 있다.

긴 시간 집중하는 능력을 개발하는 데 도움이 된다.

미술과목을 통해 얻는 정보는 상당히 오래 혹은 강력하게 기억에 남는다.

오늘 작성한 내용은 사례를 바탕으로 쓴 글이다. 근거를 바탕으로 증명하기 위해 자료를 모으고 있는 중인데, 정리가 되면 왜 미술이 학습에 도움이 되는 중요한 과목인지 차근차근 알려드리겠다.

팔 것 **블로그의 다른 포스팅으로 자연스럽게 유도합니다.** 다른 포스팅 첨부(아이들이 좋아하는 선생님 BEST5)

팔 것 직접적으로 팔 것을 먼저 언급하고 시작합니다. 팔 것을 마지막에 내지 않고 두괄식으로 꺼내요. 이렇게 풀어나가면 되는 구나에 초점을 맞춰 해당 글을 읽으세요.

하늘바다그리기 미술학원에서는 아이들의 감수성을 키우고 기술을 가르치는 것 이상으로 자연과 예술의 아름다움을 표현할 수 있도록 매년 3월이나 4월에 물감 만들기 수업을 합니다. 물감 만들기 수업 과 연결하여 호크니 그림 같은 풍경화를 그린다면, 아이들이 자연과 예술의 아름다움을 색으로 표현할 수 있는 시간이 됩니다.

데이비드 호크니 그림으로 배우는 풍경화 수업을 소개하기 전, 저희 학생들은 물감을 먼저 만들어야 해요. 아이들이 만든 물감으로 색을 조화롭게 칠하라거나 신나고 즐거운 물감 만들기 수업을 해야 한답니다. 아래 물감 만들기 수업을 먼저 보고 오세요.

읽는 대상 아이를 키우는 엄마가 대상입니다. 그중에서도 아이들이 재미있게 수업을 받길 바라는 결과를 강조하여 풀었습니다.

<아이들의 마음을 사로잡는 수업 보러 가기>
데이비드 호크니(1937년~)
자연 풍경과 주변의 인물 등 일상적인 장면을 밝고 화려한 색으로 그림 그리는 영국의 화가.
물감, 사진, 판화 등 다양한 작품 활동 외에 86세가 넘은 나이에도 아이패드로 그림을 그리는 것으로 주목을 받았어요.
호크니는 전통적인 물감과 붓을 사용할 때와 같은 느낌으로 아이패드에 재현하는 작가예요.
호크니는 풍경화를 그릴 때 풍경 속에 다가가 그리는 작업을 해요. 그래서 풍경 속에서 풍경화를 그리고 있는 사진이 많아요. 화가가 그리고 있는 그림과 풍경을 동시에 볼 수 있는 사진이지요.
자~ 물감 만들기 수업을 보았다면, 이제 아이들이 만든 색으로 풍경화를 그려볼까요?
데이비드 호크니의 스타일로 풍경화 그리기 수업 시작!

안정적인 풍경화 구도 잡기: 채색을 위한 면 분할
풍경화 구도를 잡을 때 이렇게 설명합니다.
가로로 그릴 거야? 세로로 그릴 거야?
땅을 구분해 보자. 기준선은 종이를 3등분을 했을 때 아래에서 3분의1 지점이 좋아.
그릴 때는 그리려고 하는 대상(나무)의 크기로 원근감을 표현할 수 있어.
몸에서 가까운 대상(나무)을 크게 그리고, 멀리 보이는 대상(나무)을 작게 그려보자.

팔 것 **팔 것인 미술 수업을 아주 자연스럽게 풀어넣은 예시입니다.**
이렇게 밑그림을 그린 후(안정적인 면 분할) 아이들이 직접 만든 색으로 채색이 들어갑니다. 스케치를 할 때 면 분할을 잘해야 해요. 물감은 자신이 만든 색도 다른 아이가 만든 색도 함께 사용합니다. 물감으로 채색한 후 물감 펜(Acrylic pen)으로 자세히 무늬를 넣으면서 표현합니다.
우리가 그리는 풍경화는 창문에서 바라보는 시점으로 그려요. 그래서 창문까지 만들어야 하죠. 앗! 그리고 창문다운 느낌을 내기 위해 OHP 필름을 붙였어요.

(중략)

읽는 대상 이렇게 배색을 통해 아이들은 색상이 주변 환경과 어떻게 상호작용하는지, 각각의 색이 어떻게 다른 색을 강조하고 조화롭게 하는지 색에 대한 감각을 배울 수 있어요. 창문이 있는 풍경을 참 많이도 그렸는데 지금까지 그린 그림들 중 가장 마음에 들어요.
색 만들기 수업과 연계한 호크니 그림(풍경화) 수업은 여러 색을 조합하고 섞는 과정에서 색채 감각을 발전시킬 수 있고요, 창의적으로 색상 조합을 시도하는 데 도움을 주어 색을 표현하고 탐구하는 즐거움을 경험하며 그림을 그릴 수 있답니다.

제가 왜 매년 3월에 물감 만들기 수업을 하는지 그 이유를 쓰고 마무리하겠습니다.

물감 만들기 수업을 매년 3월에 하는 이유는 즐거움과 호기심을 통해 아이들이 미술의 기본을 탐구하고 발견하기를 바라기 때문입니다. 봄이 시작되는 3월은 자연도 새로운 생명력을 띄면서 색이 바뀌기 시작합니다. 새로운 환경으로 들어가는 아이들이 긴장이나 설렘, 복잡한 감정을 잠시 잊고 색을 실험하는 활동을 통해 자유로운 발상이 표현될 수 있습니다. 저는 이 수업을 아주 중요하게 생각해서 매년 색을 만들고 그 색들로 다르게 표현하는 방법을 연구할 거예요.

네이버 톡톡, 미술학원 지도 첨부

계속 쓰는 사람이
이깁니다

"딱 50만 원이라도 아낄 수 있으면 좋겠어요."

절박한 심정으로 블로그를 시작하신 분의 고민이었습니다. 남편과 함께 장사를 하다가 코로나 직격탄을 맞았고, 빚을 내서 버텼지만 결국은 폐업을 했습니다. 억대 빚만 남은 상황이라 블로그를 시작하게 되었다고 해요.

이분은 본인이 만드는 음식과 아이들 교육 등에 대해 포스팅을 했어요. 다들 처음에는 내가 매일 접하는 것으로 시작하죠. 그러다가 해외 구매 대행을 시작했는데, 이게 꽤 잘돼서 월 100만 원 정도를 벌게 되었어요.

"100만 원이요? 그러면 원래 목표였던 50만 원을 아끼는 걸 넘어서, 두 배를 벌고 계시네요? 어떻게 시작해야 할지 몰라 막막해하는 왕초보를 대상으로 해외 구매 대행에 대해 포스팅을 해보는 건 어때요?"

처음에는 망설였어요. 남들은 한 달에 몇 천, 몇 억을 번다고 하는데 월 100만 원의 용돈 수준을 공개적으로 적어도 될지 몰라서요. 결국 과거의 자신을 생각하면서 글을 쓰기 시작했어요. 그렇게 글이 쌓이고 노출이 되면서 해외 구매 대행에 관심을 가진 왕초보들이 이분의 블로그에 들어오기 시작했습니다.

왕초보들은 댓글로 질문을 남겼어요. 이분은 댓글에 달린 질문에 대해 포스팅을 하거나 댓글에서 아이디어를 얻어 관련 정보를 글로 썼습니다. 점차 블로그가 커지자 일 방문자가 300명대가 되었어요. 300명은 적은 숫자처럼 보일지 모르지만 한 달이면 약 9,000명이 됩니다. 한 사람이 여러 번 들어온다는 변수는 제외하고 생각해도 꽤 큰 숫자입니다. 방문자들은 해외 구매 대행에 관심이 있고 관련 정보를 찾아 들어온 사람들이라 블로그에 머물며 글을 읽는 시간도 길었습니다. 왕초보가 이해할 수 있을 정도로 최대한 쉽게 포스팅을 하자는 것이 저희의 목표였어요.

그러다가 이분이 전자책을 쓰게 되었습니다. 이 책에서 소개한 대로 전자책을 쓰다 보면 이런 생각이 들 거예요.

'아니, 이거 누구나 하겠는데? 너무 쉬워서 장벽이랄 것도 없네.'

'(이런 나도 만드는데) 이게 팔릴까?'

같은 관심사를 가진 비슷한 사람들 300여 명이 모였잖아요. 이들은 흩어진 정보를 좀 더 체계적으로 보길 원했습니다. 왕초보 입장에서는 검색만으로 충족되지 않는 갈증들이 있었고요. 이분은 알게 모르게 블로그 포스팅으로 신뢰를 쌓았기에 블로그 방문자들이 자연스럽게 전자책을 구입하게 됐습니다.

일부러 힘을 준 것이 아닌데도 자연스럽게 이렇게 흘러갔습니다. 지금 이분은 전자책 독자들을 위해 강의도 하고 외부 강의도 다닙니다. 그리고 해외 구매 대행도 계속하고 있습니다. 그뿐만이 아닙니다. 블로그로 다닐 수 있는 맛집을 다니면서 돈도 아낍니다.

그냥 딱 50만 원만 아낄 수 있다고 해도 블로그를 안 할 이유가 없었는데, 이제는 블로거가 제2의 직업이 되어 소득 활동도 하게 되었습니다. 취업도 어려웠고 그렇다고 다음 커리어를 시작하기엔 장사 기간이 너무 길었던 이분은 블로그 하나로 이렇게 다시 사회에 발을 내딛을 수 있게 되었습니다.

20대 청년 수강생이 있었습니다. 5,000만 원을 투자해서 사업을 시작했지만 잘되지 않았습니다. 사업을 유지하기 위해 배달 아르바이트를 해야 했습니다. 그가 치킨 배달을 하기 위해 엘리베이터를 잡는데, 엘리베이터 안에 있던 사람들이 자신을 바라보던 눈

빛을 보며 결심했다고 합니다. 이 일을 3개월 이상 하지 않도록 지금의 사업이 잘되게 만들겠다고. 그는 그렇게 블로그와 SNS를 시작하게 되었습니다.

한 달 후, 그의 블로그 일 방문자는 3,000명이 넘게 됩니다. 사업과 관련된 글을 계속해서 내보냈던 것이 효과가 있었습니다. 물론 처음에는 매출이 나지 않았습니다. 다른 채널을 파야 했나 하는 생각도 잠시, 글 하나가 판매로 잘 이어진 덕분에 매출이 올랐습니다.

판매를 위한 글이 아니었는데 어떻게 해서 판매로 이어지게 만들었을까를 고심하다가 그 글과 비슷한 형태로 포스팅을 하기 시작했고, 그 글들이 연이어서 매출을 만들었습니다. 3개월 후, 생각대로 그는 더 이상 치킨 배달을 하지 않게 되었습니다. 지금 그는 법인의 대표가 되었습니다.

저의 삶도 많이 바뀌었습니다. 꽤 큰 기업에서 제공하는 몇 백만 원의 서비스가 수준이 너무 낮아 블로그에 공유한 적이 있었습니다. 본사에서 저희 집까지 찾아와서 사과하고, 절대 환불 불가였는데 전액 환불을 해주었습니다. 해당 서비스와 관련된 검색 결과의 맨 첫 번째 글이 저의 솔직한 리뷰였으니까요. 소비자의 권리를 블로그 하나로 확실히 챙긴 거죠.

지금 제가 하고 있는 일은 모두 블로그가 일으켜주고 있습니다. 여러 대표님과 인플루언서들이 연락을 해오기도 합니다. 저의 블로그는 아주 작은 밭에 불과했지만, 거친 땅을 갈고 씨를 뿌렸더니 어느새 무성한 밭이 된 겁니다.

누군가가 말했습니다. 돈을 벌 시간은 유한하니까 젊을 때 많이 벌어두라고요. 하지만 제 생각은 다릅니다. 블로그 하나가 그 시간을 무한대로 만들 수 있습니다. 국민연금을 몇 십 년씩 넣잖아요. 그 연금의 비결은 복리, 즉 시간입니다. 블로그도 마찬가지입니다. 시간은 복리가 되어줍니다. 조금씩 저축하듯 조금씩 포스팅을 비축하면 됩니다.

적어도 네이버로 검색하고, 휴대폰으로 사진을 찍고, 친구들과 문자로 소통하고, 블로그를 만들 수 있는 정도라면 블로그는 혼자서도 충분히 운영할 수 있습니다. 그리고 이 책에 나온 아주 기본적인 것만 따라 해도 블로그를 성장시킬 수 있습니다. 하다가 안 해서 문제지 블로그는 계속 클 수밖에 없습니다.

다음은 책에서 계속 강조했던 것들입니다.

1. 일단 내가 잘하는 걸로 시작하자. 글을 많이는 아니더라도 조금씩 써보자.
2. 내가 잘 쓸 수 있는 걸로 선택하자. 검색만으로 찾아지지 않는 것이면 더 좋다.
3. 같은 관심사를 가진 비슷한 수준의 사람들이 모이면, 그 사람

들이 원하는 것이 무엇일지 생각해 보자.

4. 그들이 원하는 것을 꺼내놓자.

어려운 일이 아닙니다. 만약 시간이 너무 오래 걸린다면, 이 책에서 말하는 기본이 없어서, 아니면 흔하디흔한 불운 때문일 수 있습니다.

한 가지 명백한 사실은, 이 세계는 살아남는 사람이 이기는 시장입니다. 계속해서 글을 써가는 사람이 이깁니다. 이 책에 나온 기본을 지켜 일주일에 한 개라도 포스팅을 해보세요. 그런 날들이 쌓이면 원하는 미래가 만들어질 겁니다. 책을 읽고 그냥 끝내지 마세요. 내 것으로 만들어 진짜 나의 발판이 되게 하세요. 그리고 빛나게 되었을 때 꼭 알려주세요. 진심으로 응원합니다.